I0213261

Intersubjetividad y Gramática

Enrique Huelva Unternbäumen

Intersubjetividad y Gramática
Aspectos de una Gramática Fenomenológica

PETER LANG
EDITION

Bibliographic Information published by the Deutsche Nationalbibliothek
The Deutsche Nationalbibliothek lists this publication in the Deutsche Nationalbibliografie; detailed bibliographic data is available in the internet at http://dnb.d-nb.de.

Library of Congress Cataloging-in-Publication Data
Huelva Unternbäumen, Enrique, 1969–
  Intersubjetividad y gramática : aspectos de una gramática fenomenológica / Enrique Huelva Unternbäumen.
    p. cm.
  Includes bibliographical references.
  ISBN 978-3-631-64888-9
  1. Spanish language—Grammar. 2. Intersubjectivity. I. Title.
  PC4105.H74 2013
  465.01—dc23

                                                        2013039167

Cover image: © Luis Carlos Nogueira

ISBN 978-3-631-64888-9 (Print)
E-ISBN 978-3-653-03929-0 (E-Book)
DOI 10.3726/978-3-653-03929-0

© Peter Lang GmbH
Internationaler Verlag der Wissenschaften
Frankfurt am Main 2013
All rights reserved.
Peter Lang Edition is an Imprint of Peter Lang GmbH.

Peter Lang – Frankfurt am Main · Bern · Bruxelles · New York ·
Oxford · Warszawa · Wien

All parts of this publication are protected by copyright. Any utilisation outside the strict limits of the copyright law, without the permission of the publisher, is forbidden and liable to prosecution. This applies in particular to reproductions, translations, microfilming, and storage and processing in electronic retrieval systems.

www.peterlang.com

Prefacio

Subjetividad significa, desde el primer momento, intersubjetividad. En la presente obra partimos de esta premisa central de la Fenomenología filosófica e intentamos demostrar que la intersubjetividad constituye el elemento fundamental que origina y caracteriza las condiciones trascendentales bajo las que el sujeto actúa en una situación normal de comunicación, es decir, bajo las que el sujeto actúa como hablante. Desde este punto de vista, las actividades de conceptuación y codificación gramatical que realiza el sujeto durante un evento comunicativo llevan siempre en cuenta la presencia y la perspectiva del otro. Esto es, no se dirigen tan sólo al otro, sino que parten también de la presencia y la perspectiva del otro como elementos fundamentales de su génesis. De ello se desprende, como consecuencia teórica de importancia cardinal, que toda construcción gramatical codifica una determinada configuración de intersubjetividad.

Todos los capítulos que componen este libro tienen como objetivo común analizar la relación entre la gramática y la intersubjetividad, en el sentido que acabamos de exponer. Los capítulos 1 y 2, así como la conclusión, lo hacen con una preocupación más teórica que descriptiva, mientras que los capítulos 3 y 4 ofrecen, por el contrario, descripciones detalladas de las configuraciones de intersubjetividad codificadas por construcciones gramaticales concretas. En ciertos momentos, especialmente en los dos capítulos de carácter más descriptivo, hemos optado por mantener una cierta repetición simplificada de aspectos teóricos tratados de manera más extensa en los capítulos 1 y 2, con la intención de posibilitar que el lector pueda leerlos de forma independiente, si es ese su interés.

Finalmente, quisiéramos puntualizar que aunque muchas partes de la obra están dominadas por una inquietud teórica no es, en forma alguna, nuestro interés desarrollar aquí una nueva teoría de la gramática o siquiera establecer los fundamentos de lo que pudiera llegar a ser una. Se trata más bien tan sólo de indagar los caminos por los que deberemos llevar nuestra teorización si consideramos necesario tener en cuenta la relación que existe entre la intersubjetividad y el lenguaje humano.

Índice

Capítulo 1: Hacia una gramática de la intersubjetividad

1. Introducción

Iniciamos este libro con un capítulo de naturaleza eminentemente teórica, sin pretender con ello, no obstante, sugerirle al lector que vamos a presentar una teoría de la gramática o ni siquiera los fundamentos de lo que pudiera llegar a ser una. Nuestro cometido es mucho más limitado y podríamos incluso decir, sin riesgo de pecar de falsa modestia, que posee tan sólo un carácter esencialmente preliminar y preparatorio en relación a las tareas que acabamos de mencionar, puesto que las precede y las condiciona en gran medida.

El objetivo que nos planteamos es reflexionar sobre cuál es el punto de partida más adecuado que debemos adoptar para pensar la gramática y, consecuentemente, también para ocuparnos de ella en el ámbito de tareas descriptivas o incluso aplicadas. Nuestra intuición es que este punto de partida lo hemos de buscar en el sujeto en su calidad de hablante, esto es, en las condiciones trascendentales elementales bajo las cuales el sujeto actúa en un evento comunicativo. En esta intuición reside de forma implícita la hipótesis fundamental de que la gramática está premoldeada por dichas condiciones.

Partir del sujeto y de lo que lo condiciona como hablante para conceptuar la gramática no parece ser una idea tan desatinada. Sin embargo, son pocos los modelos teóricos que se han planteado debidamente la importancia de esta relación y menos aun los que han puesto en práctica las consecuencias conceptuales y metodológicas que debemos extraer de ella. En el caso del Estructuralismo, sus disposiciones iniciales eminentemente inmanentistas y el rechazo de cualquier posición o práctica mentalistas bloquean de antemano la necesidad de preocuparse con el sujeto, en su condición de hablante, para proceder a la conceptuación de la gramática como objeto de análisis. El Generativismo, por el contrario, hace resurgir con toda fuerza al sujeto en la figura del *native speaker* y lo transforma en su máxima instancia teórica, en aquel que decide sobre la gramaticalidad o agramaticalidad de enunciados y, en última instancia, sobre lo que es o no es la gramática. El *native speaker* no es, sin embargo, un sujeto que actúa realmente como hablante y, por consiguiente, las condiciones trascendentales elementales bajo las cuales esto sucede no forman parte del foco de interés de la Gramática

Generativa. Como sabemos, se trata más bien de una figura idealizada, de la que se considera que posee una competencia lingüística perfecta y absoluta en su lengua materna pero que, al mismo tiempo y de forma paradójica, carece de todas las otras competencias, habilidades y condiciones que son propias de un hablante en una situación normal de comunicación. El *native speaker* no tiene cuerpo ni género es al mismo tiempo y de forma indiferenciada hablante u oyente y, por consiguiente, puede ser concebido – como apunta Weinrich (2006: 18) – "en una absoluta soledad monológica".

Esta posibilidad de prescindir de un análisis detallado de lo que caracteriza al sujeto en una situación real de comunicación se desvanece si alteramos las disposiciones iniciales de nuestra teorización de la gramática. Es lo que ocurre con la Gramática Cognitiva. Pues si vemos en el sujeto ante todo un conceptuador y en la gramática uno de sus principales instrumentos para conceptuar sus experiencias en el (y del) mundo y comunicarlas a los otros, el análisis de las condiciones bajo las que el sujeto actúa al realizar estas actividades se nos presenta como una obligación de la que ya no podemos eximirnos si queremos teorizar y describir la gramática de manera adecuada.

En la Gramática Cognitiva la figura del sujeto-conceptuador está contemplada especialmente en el concepto de la *base conceptual* (*Ground*). Como es sabido, el término 'base conceptual' (*Ground*) designa, en la Lingüística Cognitiva, el *locus* de la conceptualización, esto es, el lugar desde el cual experimentamos el mundo y construimos nuestras categorías conceptuales, especialmente aquellas codificadas por el lenguaje. A él pertenecen el evento comunicativo, sus participantes (hablante y oyente), la interacción que se establece entre ellos, así como las circunstancias concretas en las que se realiza el evento (particularmente, su contexto espacio-temporal) (cf. Langacker 1987: 126–128; 2008: 259–264). Por 'anclaje' (Grounding) se entiende, por su parte, el proceso epistémico que tiene como efecto la especificación del significado de los elementos lingüísticos que usamos en un enunciado con relación a la base conceptual. Así, por ejemplo, mientras que el sustantivo *libro* denota un tipo de cosas de las que existen muchas instancias posibles, el grupo nominal *este libro* designa un ejemplar, es decir, un libro determinado identificado por el hablante y el oyente en una situación particular. Los elementos lingüísticos que desempeñan la función de anclaje reciben el nombre de 'elementos o predicaciones de anclaje'. Los más comunes son los artículos, los demostrativos y los cuantificadores, para el anclaje nominal (cf. v.gr. Langacker 2008: 273–296) y los morfemas de tiempo, modo, persona, etc., en el caso del anclaje verbal (cf. v.gr. Langacker 2008: 296–309).

Especialmente en sus obras más recientes, Langacker ha empezado a reconocer de un modo más explícito que un aspecto constitutivo esencial de la base es su intersubjetividad:

> In principle, an expression's conceptualizing meaning always incorporates the conceptualizing presence who apprehends and construes the situation described. … Minimally, subjectively construed elements include the speaker, and secondary the addressee, who employ the expression and thereby apprehend its meaning. (Langacker 2006: 18).

En la base, tanto el hablante como el oyente actúan siempre como sujetos conceptuadores, en un proceso constante de atención recíproca (Langacker 2008: 262).

En el presente trabajo intentaremos demostrar que la intersubjetividad – que en la Gramática Cognitiva todavía aparece de forma tímida y con un carácter más bien programático – constituye el elemento fundamental que da origen y caracteriza las condiciones trascendentales elementales bajo las que un sujeto-conceptuador actúa en una situación normal de comunicación. Esto significa que toda actividad de conceptuación y codificación gramatical que el sujeto-conceptuador realiza durante un evento comunicativo lleva en cuenta la presencia y la perspectiva del otro. Es decir, no se dirige tan sólo al otro, sino que parte también de la presencia y la perspectiva del otro, como elementos fundamentales de su génesis.

Desde la perspectiva que proponemos, actuar como hablante presupone, antes de más nada, asumir una actitud dialógica. Significa identificar la presencia de otro ser dotado con capacidades y condiciones semejantes a las mías e incluir su perspectiva como punto de partida de mi conceptuación y codificación gramatical del mundo. Sustituimos, pues, la "soledad monológica" del *native speaker* por un hablante que es en sí siempre ya dialógico.

Es importante resaltar que el dialogismo al que nos referimos no es un producto de la comunicación, sino la condición esencial para su posibilidad. Con ello nos alineamos a una noción fenomenológica de la intersubjetividad, especialmente a una noción husserliana, distanciándonos, al mismo tiempo, de otras interpretaciones que este término ha ido adquiriendo en las últimas décadas en el seno de las ciencias humanas y sociales en general y en la Lingüística en particular.

Una de estas interpretaciones, quizás la que actualmente goza de mayor difusión, especialmente en las disciplinas que tienen como objeto de estudio la conversación, el diálogo o el discurso (cf. Duranti 2010, 4–6), entiende por intersubjetividad el conocimiento compartido por los interactantes (*shared knowledge*), y esto en un doble sentido (cf. v.gr. Schegloff 2006): (i) el conocimiento compartido al que, por lo menos parcialmente, se puede llegar mediante los procesos de negociación de sentido que se llevan a cabo en la comunicación o (ii) como aquel conocimiento contextual y cotextual que se presupone como dado y compartido, en un momento determinado del proceso comunicativo, y que constituye el punto de partida y el horizonte interpretativo mutuo para la prosecución de la actividad comunicativa. Común a ambas perspectivas es la idea de la intersubjetividad como producto o efecto de la comunicación: producto al que se ha llegado gracias a procesos comunicativos pasados o al que se pretende llegar a través del que está actualmente en marcha.

Más recientemente, algunos autores han empezado a reconocer que la intersubjetividad posee además una relevancia gramatical, esto es, que representa una categoría conceptual codificable y codificada por elementos o construcciones gramaticales (Weinrich 2001; Verhagen 2005; 2008; Huelva-Unternbäumen en prensa)[1]. Las consecuencias teóricas y metodológicas de esta constatación son enormes, así como – me atrevería incluso a decir – los desafíos que conlleva para la investigación lingüística.

Una de ellas, tal vez la más importante, repercute directamente en la propia definición del concepto de la intersubjetividad. Pues, como concepto codificado gramaticalmente, la intersubjetividad no puede ser concebida como el producto o efecto de un proceso comunicativo *actual*. No solemos comunicarnos para ponernos de acuerdo sobre el contenido semántico de los elementos o las construcciones gramaticales de nuestra lengua, a no ser que seamos profesionales del lenguaje y lo hagamos *ex oficio*.

Por las mismas razones, nos vemos obligados a desconsiderar, en el marco del presente trabajo, las interpretaciones que proponen una equiparación del término de la intersubjetividad con el de la co-producción (cf. Clark 1996) o el de la auto-génesis de la realidad social (cf. Luhmann 1998: 65–78), dado que en ambos casos es necesario presuponer que la comunicación ya está en marcha para que la realidad social pueda ser co-producida por los interactantes, en el primer caso, o bien que emerja como una dimensión sui generis y auto-poiética de la realidad, en el segundo.

---

1   Valgan aquí como ejemplos representativos los siguientes trabajos: Verhagen (2005) analiza la codificación de la intersubjetividad por partículas de negación, oraciones subordinadas sustantivas, y conjunciones (conectores) causales y consecutivas de diversas lenguas; Sanders/Sweetser (2009) muestran cómo la intersubjetividad es imprescindible para caracterizar la semántica (y la pragmática) de algunos conectores causales en holandés; Huelva-Unternbäumen (en prensa) constata que la intersubjetividad es un aspecto constitutivo de la semántica de la preposición *ante* en sus diferentes usos causales.

En la Fenomenología y, especialmente, en Husserl,[2] la intersubjetividad es la cualidad esencial de la existencia del ser humano, constitutiva tanto del propio sujeto como de la noción de un mundo objetivo (Depraz 2001: 169). Para explicar cómo se constituye la intersubjetividad en el propio sujeto (y no en la comunicación, pues es una condición para su posibilidad), Husserl sitúa en el centro de su reflexión filosófica la esfera primordial del Yo. Esta esfera, caracterizada por la consciencia del propio cuerpo (entendido como *Leib*, es decir, como cuerpo vivo y vivido por mí), representa la esfera de lo mío propio y todo lo que la traspasa algo extraño al Yo. A partir de ahí, Husserl intenta, en varios pasos, describir cómo se crea, en el sujeto, la referencia a todo lo que es extraño al Yo, al "no-yo" (a lo "no-egóico", *"das Ich-Fremde"*). En un primer paso, percibo la presencia de otro cuerpo que se parece al mío. Esta semejanza me lleva a una asociación por emparejamiento (*"Paarungsassoziation"*) entre mi cuerpo y el otro cuerpo percibido, lo que a su vez me motiva a atribuirle al cuerpo percibido la cualidad de cuerpo vivo (*"Leib"*), así como la posesión de una consciencia sobre su cuerpo vivo (*"Leibbewußtsein"*), a imagen y semejanza de mí mismo. Y, finalmente, considero que este proceso de asociación por emparejamiento es recíproco, es decir, atribuyo al otro la facultad de hacer lo mismo al percibir mi cuerpo:

> *"Leicht verständlich ist auch die Art, wie eine solche Fremdappräsentation im beständigen Fortgang der wirksamen Assoziation immer neue appräsentative Gehalte liefert (...). Den ersten bestimmten Gehalt muß offenbar das Verstehen der Leiblichkeit des Anderen und seines spezifisch leiblichen Gehaltens bilden: das Verstehen der Glieder als tastend oder auch stoßend fungierende Hände, als gehend fungierende Füße, als sehend fungierende Augen usw (...). In weiterer Folge kommt es begreiflicherweise zur Einfühlung von bestimmten Gehalten der höheren psychischen Sphäre. Auch sie indizieren sich leiblich und im außenweltlichen Gehaben der Leiblichkeit, z.B. als äußeres Gehaben des Zornigen, des Fröhlichen, etc. – wohl verständlich mit meinem eigenen Gehaben her unter ähnlichen Umständen."* (Husserl 2002, 198–199).

En síntesis, la intersubjetividad en Husserl hace referencia a la capacidad esencial del sujeto de ponerse en el lugar del otro, de cambiar de lugar (*"Platzswechseln"*). Al hacerlo, extiendo al otro mis características y capacidades. Entre ellas se encuentran todas las competencias psicológicas y cognitivas superiores: el raciocinio lógico, el establecimiento de relaciones causales entre entidades percibidas, etc.

---

2 Para la exposición del concepto de intersubjetividad en Husserl hemos tomado como texto base Husserl (2002).

Dicha capacidad constituye una condición para la posibilidad del uso del lenguaje, y esto en un doble sentido. Por un lado, desde una perspectiva evolutiva (tanto filo- como ontogenéticamente), el desarrollo del lenguaje, como un sistema simbólico convencional, presupone el dominio de lo que se denomina un conocimiento de tercer orden, esto es, *yo sé que tú sabes que yo sé* (cf. Zlatev 2008: 232–237; Itkonen 2008: 288–290). Esto, por su vez, significa reconocer al Otro como agente mental, dotado de las mismas capacidades que yo poseo (incluso de la capacidad de reconocer lo mismo en mí).

Por otro lado – y este es el aspecto que más nos interesa en el presente trabajo –, la intersubjetividad es un elemento constitutivo esencial de la base sobre la que erguimos nuestra conceptuación lingüística del mundo. Esto significa que la conceptuación del mundo mediante el lenguaje no se lleva a cabo por un sujeto aislado, nomádico, sino desde la perspectiva de un sujeto trascendente que incluye, como algo esencial en su visión y experiencia del mundo, siempre ya la presencia de la perspectiva del Otro. En resumidas cuentas: el sujeto-conceptuador es, en sí mismo, siempre ya un sujeto diádico.

De ello se desprende, necesariamente, que la intersubjetividad forma parte de la estructura semántica del lenguaje, en general, y de la gramática, en particular. Esto no significa, no obstante, que su presencia e importancia sean siempre fácilmente identificables, puesto que, en muchos casos, la intersubjetividad no es nombrada directamente y permanece, más bien, como un elemento implícito de la conceptuación. Es lo que ocurre, por ejemplo, con los conceptos de tiempo y espacio codificados por la gramática. Cuando, al proferir un enunciado como *Vi a Juan*, ubico temporalmente el evento nombrado con relación al momento presente, el momento presente en cuestión no me pertenece exclusivamente a mí, sino que incluyo, tácitamente, en él también a mi interlocutor. La temporalidad generada es, por tanto, diádica, intersubjetiva y no nomádica, aunque no haya ningún elemento lingüístico que explicite esta cualidad. Lo mismo sucede, para dar otro ejemplo, con el uso de los demostrativos. Cuando utilizo *este*, no sitúo un objeto en el espacio tan sólo con respecto a mi posición, sino que, al mismo tiempo, incluyo, tácitamente, también la posición del otro. Así, el enunciado *Este libro* puede ser usado cuando tanto yo como mi interlocutor estamos, al mismo tiempo, cerca del libro o cuando yo estoy cerca y mi interlocutor más alejado y, por el contrario, nunca podrá ser usado cuando sólo mi interlocutor está cerca del libro. En cualquier caso, de un modo u otro, mi interlocutor nunca deja de ser parte constitutiva de la escena.[3]

---

3   Sobre el carácter diádico de los conceptos temporales y espaciales, véase Weinrich (1988: 82–83).

Existen, por el contrario, muchas otras construcciones gramaticales que evocan la intersubjetividad de una forma más explícita, presentándola, claramente, como una faceta integrante de la estructura conceptual que codifican:

(1)
   a. *Yo sé muy bien lo que tú piensas al respecto.*

   b. *Se trata de un niño que observa cómo dos viejos vecinos juegan ajedrez en un callejón. El pequeño se obsesiona con la situación y llega a identificarse con uno de los peones al que le falta un pedazo.* **Tanto así que** *decide robarlo para protegerlo.*

El predicado de pensamiento (*sé*) y su complemento oracional (*que tú piensas*) evocan en (1a) explícitamente una determinada configuración de intersubjetividad, en la que el hablante concibe a su interlocutor como sujeto mental que piensa algo respecto de algo. De forma análoga, en (1b), el nexo concesivo *Tanto así que* y el predicado *decide* indican que el hablante conceptúa al oyente como un ente capaz de razonar sobre una dada situación y actuar intencionalmente. En ambos casos, las respectivas configuraciones de intersubjetividad constituyen un aspecto focalizado de la semántica de dichas construcciones y elementos gramaticales. Como señala Zlatev (2008: 236), para que enunciados como en (1) tengan sentido, hemos de ser capaces de pensar la intersubjetividad que codifican.

La intersubjetividad es también un aspecto central de la semántica de los llamados marcadores de evidencia (*claro, desde luego, naturalmente, por supuesto,* etc.). Con el uso de estos marcadores el hablante incorpora el contenido de un enunciado al ámbito del conocimiento común – o, incluso, universal – que se tiene sobre las cosas, indicando así, que es también un conocimiento compartido por su interlocutor ('yo sé que tú en mi lugar lo verías, pensarías, razonarías, etc. del mismo modo que yo'). Veamos algunos ejemplos con *naturalmente*:

(2)
   a. *En TVE se optó, entonces, por otra fórmula: una serie de periodistas, en su mayoría ajenos a la plantilla de RTVE, entrevistarían por separado a los candidatos. El programa estrella fue,* **naturalmente,** *el que tuvo como protagonista a Felipe González.*[4]

   b. *Cuando me introducen al calabozo-ventana, me preguntan:*
   – ¿Prefiere usted seguir en esta celda solo, o que lo reunamos con sus compañeros?
   – Deseo estar con mis compañeros, **naturalmente.**
   – Bueno, entonces vamos para allá -me responde el jefe de los guardias.

4   Los enunciados analizados en el presente trabajo pertenecen al CREA (www.rae.es).

Naturalmente actúa como un reforzador de la aserción del fragmento en que se utiliza (Martín/Portolés 1999: 4154–4155). Este efecto de sentido se debe a que el marcador convoca un determinado conocimiento contextual, lo presenta como intersubjetivamente (o incluso, en algunos casos, como universalmente) válido y establece una conexión de consecuencia 'natural' entre dicho conocimiento contextual y la aserción del fragmento en que aparece. En el ejemplo que nos ocupa en (2a), el hablante refuerza la validez de la aserción *el programa estrella fue el que tuvo como protagonista a Felipe González* conectándola con el hecho de que Felipe González es, 'como todo el mundo sabe', el candidato más popular, que levanta mayores expectativas, etc. De forma análoga, en (2b), *estar con los compañeros* se presenta como algo universalmente preferible, como la opción que pertenece al sentido común, privándole a la alternativa, consecuentemente, de cualquier posibilidad de ser lleva en cuenta como algo realizable bajo las circunstancias dadas.

Intentemos sistematizar las ideas que hemos discutido hasta ahora. La intersubjetividad, como incorporación de la perspectiva del Otro, constituye la condición trascendental elemental e ineludible bajo la que actuamos como sujetos-conceptuadores en cualquier situación comunicativa. Como tal, es razonable esperar que constituya una categoría conceptual codificable y codificada por el lenguaje en general y por elementos y construcciones gramaticales en particular. El grado de explicitación con el que esto ocurre varía, sin embargo, dependiendo del elemento o de la construcción de que se trate. Como acabamos de ver, en algunos casos la intersubjetividad representa un aspecto focal de la estructura conceptual codificada, mientras que en otros permanece más bien oculta en un segundo plano, como base implícita sobre la que erguimos otros aspectos de la estructura conceptual. De estas diferentes formas de codificación nos ocuparemos con mayor detalle en la sección 3.

Hemos visto también que la intersubjetividad no se origina en la interacción comunicativa, sino que la antecede como condición necesaria para su posibilidad. Ahora bien, esto no impide que sea justamente el espacio circunscrito, íntimo, formado por la co-presencia y el alineamiento corporal de dos (o más) hablantes, constitutivo de situaciones de comunicación *face-to-face*, el lugar en el que la intersubjetividad se manifiesta con mayor nitidez y contundencia. Para designar esta constelación especial, recurrimos en el presente trabajo a la noción fenomenológica de la *intercorporeidad*.

2. Intercorporeidad y gramática

La codificación gramatical del mundo tiene como origen la intercorporeidad. Es la condición esencial del hablante-conceptuador' y el espacio en el que son creadas las categorías gramaticales fundamentales que utiliza para conceptuar y transmitir sus experiencias. Además – como veremos en los dos próximos capítulos – la intercorporeidad es fundamental también en el sentido de constituir el punto de partida para la construcción de otras formas de intersubjetividad.

Esencial para entender el significado de la intercorporidad (y, en general, de cualquier forma de intersubjetividad) es la noción fenomenológica de la *empatía*. De acuerdo con Depraz (2001: 171–174), la empatía es una experiencia compuesta por cuatro etapas complementarias (y no necesariamente sucesivas): (i) una asociación por emparejamiento (*"Paarungsassoziation"*) entre mi cuerpo (en el sentido de *Leib*, o sea, de cuerpo vivo y vivido) y tu cuerpo; (ii) una trasposición imaginativa en tus estados mentales; (iii) una interpretación de ti como un ser análogo a mí, y (iv) una responsabilidad ética hacia ti como persona. Las tres primeras son imprescindibles para entender el vínculo entre la intercorporeidad y la gramática.

La asociación por emparejamiento no depende de mi percepción visual de la presencia del otro. No se trata, en primera instancia, de la constatación de una semejanza entre las imágenes de dos cuerpos concretos que se encuentran uno frente al otro en una situación determinada. Se trata, más bien, de la experiencia primordial y recíproca de que existe una semejanza entre mi cuerpo vivo y vivido y tu cuerpo vivo y vivido relativa a sus características fundamentales, a aquello que Merleau-Ponty (1945: 17) denomina el *esquema corporal*, a saber: a las maneras del cuerpo de estar y expresarse en el mundo. Experimentamos que mi cuerpo y tu cuerpo poseen una semejanza esencial en sus capacidades táctiles, auditivas, visuales, proprioceptivas, en su comportamiento habitual en el mundo, en sus actividades y hábitos kinestésicos, etc. (Depraz 2001: 172–173).

Para el caso particular de la posibilidad del establecimiento de procesos comunicativos, Weinrich (2001: 18–21) nos ofrece una concretización importantísima de la asociación por emparejamiento. Una condición sine qua non para la comunicación es la constatación de que poseemos órganos comunicativos (y perceptivos) semejantes (boca, oídos, brazos, manos e incluso el cerebro como centro lingüístico) y que se encuentran distribuidos de una forma semejante en nuestros cuerpos. Esto que podríamos denominar el *esquema corporal comunicativo* está caracterizado, especialmente, por la existencia de un conjunto de asimetrías compartidas. Nuestros órganos comunicativos no son solo similares, sino que están distribuidos por nuestros cuerpos de forma semejante, formando las mismas asimetrías. La primera de ellas es la *asimetría de la frontalidad*, que hace referencia al hecho de que nuestros órganos comunicativos se concentran en la parte anterior del cuerpo. La identificación de que el Otro tiene un cuerpo como el mío, que posee la misma asimetría de la frontalidad, representa un aspecto de la intersubjetividad de gran importancia para el lenguaje y la comunicación. Sobre todo para la comunicación constituye un prerrequisito básico, puesto que el alineamiento corporal, constitutivo de una situación de interacción comunicativa, se lleva a cabo en forma de una *frontalidad coordinada* (Weinrich 2001: 19), lo que presupone que previamente debemos haber sido capaces de identificar de forma recíproca que nuestros cuerpos comparten esta característica.

Los órganos comunicativos también están distribuidos de forma asimétrica a lo largo del eje vertical del cuerpo, con una marcada predominancia de la parte superior, especialmente de la cabeza. Weinrich (2001: 20) denomina esta asimetría *asimetría vertical*. Finalmente, existe también una *asimetría lateral*, que reside en el hecho de que nuestra "mano buena" - la derecha para los diestros y la izquierda para los zurdos – suelen asumir con mayor frecuencia las tareas de gesticulación e indicación durante la interacción comunicativa. La comunicación se lleva a cabo, junto a una frontalidad coordinada, también mediante una *verticalidad* y una *lateralidad coordinadas*. Y esto, a su vez, presupone que hemos sido capaces de reconocer (recíprocamente) que nuestros cuerpos comparten estas asimetrías.

Mucho de lo que está codificado por la gramática remite directamente o indirectamente a este nivel básico de la intercorporeidad. Observemos algunos ejemplos simples:

(3)
    a. No pudo contener la emoción y se desmayó ante el féretro de su esposa.

    b. Los excursionistas caminaron hacia la ermita.

    c. Juan le dio la botella de vino a su hijo.

Pertenece al contenido conceptual codificado por la preposición *ante* en (3a) una frontalidad del sujeto (esposa) con relación al objeto (féretro). Esto es, el cuerpo del sujeto no está solo delante del féretro, sino también 'girado' hacia él. Al mismo tiempo, tenemos que llamar la atención sobre una frontalidad más implícita, concerniente al propio sujeto-conceptuador: quien utiliza un enunciado como en (3a) asume también una posición frontal con respecto a la totalidad de la escena descrita. De forma análoga, el movimiento expresado en (3b) supone una frontalidad de los excursionistas con relación a su destino y, igualmente, una frontalidad implícita del sujeto-conceptuador en relación a la escena observada. Finalmente, en (3c) la construcción ditransitiva (dar algo a alguien) construye, en su caso más prototípico, una configuración marcada por la frontalidad mutua de los dos sujetos involucrados, el agente transmisor (Juan) y el receptor (su hijo), así como la ubicación entre ambos del objeto transferido (botella).

Estos ejemplos nos pueden ayudar también a explicar una de las principales características de la intercorporeidad (y de la intersubjetividad en general). Como dijimos, la intercorporeidad no se origina en la comunicación, sino que, por el contrario, la precede como uno de sus prerrequisitos. Como señala Waldenfles (2006: 85):

> "Nos sentimos afectados por los Otros, antes de conseguir preguntarles, quiénes son y qué significan sus enunciados."

Pero al mismo tiempo – y esto es importantísimo entenderlo – la intercorporeidad tampoco se desvanece con el fin de la interacción comunicativa, sino que perdura como un elemento central de nuestra subjetividad. Dicho de otra forma: la intercorporeidad trasciende la comunicación. Yo sé, por ejemplo, que la frontalidad del cuerpo de Juan, que me permitió configurar una frontalidad coordinada durante nuestra conversación, no se deshace con el final de nuestro encuentro, sino que constituye una cualidad esencial inmutable de su ser en el mundo. Esto es justamente lo que me permite utilizar, en enunciados como en (3c), una construcción gramatical que codifica la experiencia de la frontalidad y la erige como un elemento importante de su estructura conceptual.

En general, podemos pues afirmar que no es mi cuerpo, entendido como un ente aislado, nomádico, el que da origen a conceptos codificados por la gramática, sino el conocimiento de que existe un esquema corporal compartido, constante, inmutable. Saber que tú posees el mismo esquema corporal que yo es un requisito imprescindible para que mis conceptos de espacio, tiempo, movimiento, causalidad, etc. sean también válidos para ti. El valor universal del esquema corporal garantiza que los aspectos que lo configuran dispongan de la intersubjetividad necesaria para que puedan ser codificados por el lenguaje.

Observemos con un poco más de detenimiento cómo actúa el esquema corporal compartido en el caso de la conceptualización gramatical de relaciones espaciales. Recurrimos para ello a los estudios de Bernd Heine (Heine 1995; 1997; Heine/Claudi/Hünemeyer 1991; Heine/Kuteva 2002), autor al que sin duda debemos las investigaciones más significativas sobre el asunto, especialmente desde una perspectiva translingüística e transcultural. Las investigaciones de Heine están basadas en una comparación sistemática de cientos de lenguas (sobre todo de África y Oceanía).

El primer resultado importante al que llega Heine reside en que el cuerpo humano siempre constituye el punto de partida (el dominio conceptual fuente) para la conceptualización de relaciones espaciales. Los conceptos de referenciación espacial codificados gramaticalmente (especialmente por preposiciones) se fundamentan en el conocimiento que tenemos sobre nuestro cuerpo. Esto representa un denominador común entre todas las lenguas y culturas analizadas (Heine 1995). Así, como se puede apreciar en la figura 1, de la frente (o, de forma más general, de la parte anterior de la cabeza) derivan nuestros conceptos gramaticales de anterioridad espacial, de la espalda los conceptos de posterioridad y de la parte superior de la cabeza los conceptos de ENCIMA DE o SOBRE. Junto a estas características generales, Heine identifica también dos diferencias más sutiles. La primera se refiere al concepto de DEBAJO DE, que en las lenguas africanas se suele derivar de las nalgas o del ano, mientras que en Oceanía predominan los pies como el dominio fuente para este concepto. La otra diferencia concierne el concepto espacial de EN, que en África se deriva siempre del estómago y en las lenguas de Oceanía, en cambio, puede ser derivado de varias partes del cuerpo (corazón, estómago, barriga, hígado, etc.) (Heine 1995: 127).

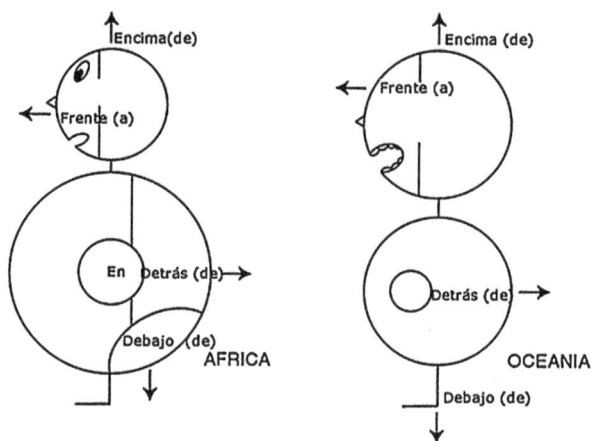

Fig. 1:   Conceptualización de relaciones espaciales (a partir de Heine 1995)

Que tantas lenguas de culturas y geografías diferentes procedan del mismo modo en la conceptualización de relaciones espaciales sólo es explicable porque todos los seres humanos compartimos el mismo esquema corpóreo y porque todos sabemos que lo compartimos. La posibilidad, por ejemplo, de derivar el concepto de la anterioridad espacial de la frente se debe, en primer lugar, al hecho de que compartimos el mismo esquema corporal, caracterizado entre otras cosas por una frontalidad perceptiva (asimetría frontal) que sitúa nuestros órganos perceptivos más importantes en la parte frontal de la cabeza, de tal modo que nos hemos de posicionar 'frontalmente' al objeto que queremos percibir. En segundo lugar, nos hemos de percatar de que compartimos esta característica de nuestro esquema corporal. Esto es, hemos de ser capaces de configurar una asociación por emparejamiento con respecto a la frontalidad perceptiva de nuestro esquema corporal.

La consciencia sobre el valor intersubjetivo de este aspecto del esquema corporal garantiza que los conceptos espaciales que derivemos de él puedan por su vez adquirir también valor intersubjetivo, requisito indispensable para cualquier concepto a ser codificado por la lengua. La intersubjetividad del esquema corpóreo hace con sea el punto de partida ideal (el dominio fuente ideal) para la creación de otros conceptos intersubjetivos. Y finalmente la posibilidad de derivar un concepto de relación espacial de una parte del cuerpo requiere que seamos capaces de ponernos imaginativamente en el lugar del otro (*Platzwechseln*). Cuando profieres enunciados como "estoy frente a ti" o "estoy sentado frente al mar" tengo que ser capaz, para entenderlos debidamente, de ponerme en tú lugar y verme a mí mismo como tú me ves (o como yo me vería si ocupase tu lugar y me observase a mí mismo) y a observar el mar como tú lo observas (o como yo lo observaría si estuviese en tu lugar). En síntesis, debemos concluir que forman parte de la estructura conceptual de la preposición *frente a* (i) la frontalidad perceptiva como uno de los aspectos centrales de nuestro esquema corporal, (ii) el conocimiento sobre el carácter intersubjetivo de este aspecto y (iii) la capacidad evocada por el propio uso de la preposición de adoptar la perspectiva del otro e incluirla en nuestras percepciones y conceptuaciones del mundo.

La importancia del esquema corporal compartido no se restringe a la conceptuación de relaciones espaciales, sino que penetra a través de la intervención de la metáfora conceptual en otros dominios conceptuales. Es lo que ocurre en el caso del tiempo. También las semejanzas en la conceptuación transcultural y translingüística del tiempo solo pueden ser entendidas sobre la base del concepto de la intercorporeidad. Como es sabido, el uso de conceptos espaciales en la percepción y en la conceptuación lingüística del tiempo representa un fenómeno universal (Raden 2003; Nuñez 2003). El tiempo es conceptuado a partir de la metáfora TIEMPO ES ESPACIO (Lakoff/Johnson 1999: 137–169), metáfora que da origen a tres modelos cognitivos básicos de conceptuación temporal. El primer modelo incluye un sujeto experimentador que ocupa una determinada posición en el espacio que equivale al momento presente, a su "ahora". El sujeto permanece estático. Por el contrario, los elementos temporales (momentos, eventos, acontecimientos, etc.) son concebidos como objetos en movimiento, objetos que se dirigen al sujeto, que están junto a él o que ya lo han pasado y se encuentran detrás del mismo. Es gracias a este movimiento que entendemos 'el pasar del tiempo' y creamos una división temporal que incluye un futuro (objetos que están delante del sujeto, todavía 'por venir'), un presente (objetos que están junto al sujeto) y un pasado (objetos que están detrás del sujeto). La figura 2 ilustra este primer modelo.

Pasado   Presente   Futuro

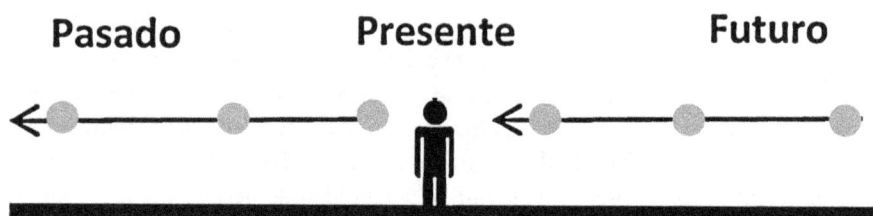

Fig. 2:   *Tiempo como objetos en movimiento*

En el segundo modelo se invierte esta relación y ahora los elementos temporales son estáticos, conceptuados como una sucesión de objetos que ocupan posiciones fijas en el espacio, a lo largo de la cual se va moviendo un sujeto experimentador dinámico. Los objetos que todavía se encuentran delante del sujeto representan el futuro, los que va dejando atrás el pasado y los que se encuentran a su misma altura el presente. En la figura 3 representamos este modelo.

Pasado   Presente   Futuro

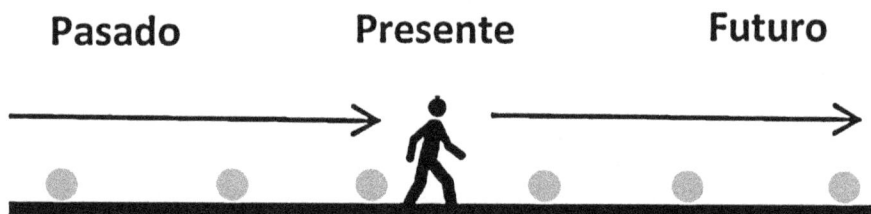

Fig. 3:   *Tiempo como movimiento del sujeto*

El tercer y último modelo se diferencia de los dos anteriores en que no incluye un sujeto experimentador explícito. Está formado tan solo por un conjunto de objetos distribuidos de forma fija y estática en el espacio. Este modelo nos ayuda a conceptuar un elemento temporal como anterior con respecto a otro elemento temporal y se manifiesta en enunciados como por ejemplo: *el lunes precede al martes, Juan viene antes de Navidad*, etc. La figura 4 corresponde a este modelo.

Después   **Antes**

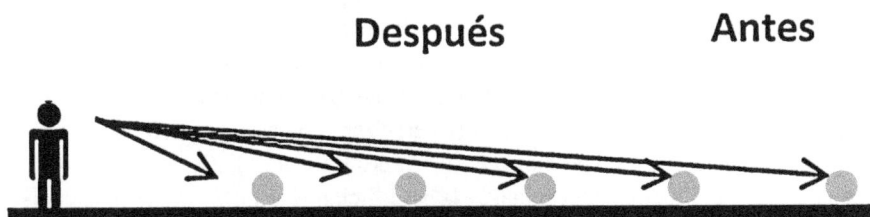

Fig. 4:   Tiempo como una secuencia de objetos

Ahora bien, es importante observar que para que este modelo funcione es necesario determinar si el orden se establece observando los objetos de la derecha hacia la izquierda o al contrario de la izquierda hacia la derecha. Dicho de otro modo: es necesaria la presencia de un observador. En consecuencia, tenemos aquí también – aunque de una forma más sutil que en los otros dos modelos – la actuación de un sujeto experimentador.

Si comparamos con atención los modelos que acabamos de presentar, constataremos que, a pesar de las diferencias específicas que hemos señalado, tienen en común una característica esencial: los tres se fundamentan en la frontalidad perceptiva del sujeto experimentador. Para conceptuar el tiempo como una serie de objetos que se mueven en dirección al sujeto, éste tiene que estar necesariamente 'frente a ellos', para percibir que se están aproximando, que están aquí o que ya han pasado. Lo mismo ocurre si es él el que se mueve en dirección a los objetos o si partimos de la perspectiva de un observador implícito que establece un orden relativo en un conjunto de objetos estáticos. Si llevamos esto en consideración, hemos de puntualizar que el espacio al cual se refiere la metáfora conceptual general TIEMPO ES ESPACIO es el espacio percibido y conceptuado bajo las condiciones que impone nuestro esquema corporal, especialmente su frontalidad perceptiva. Lo mismo puede ser afirmado con respecto al movimiento de la metáfora EL TIEMPO COMO MOVIMIENTO (MOVING TIME METAPHOR) (Lakoff/ Johnson 1999: 141–144) o de la metáfora EL TIEMPO COMO MOVIMIENTO DEL OBSERVADOR (MOVING OBSERVER METAPHOR) (Lakoff/Johnson 1999: 146–148). En suma, la metáfora transporta e incorpora la frontalidad perceptiva, como elemento central de nuestro esquema corporal, a la estructura de otros dominios conceptuales (también a aquellos que la literatura suele clasificar como 'abstractos').

Como consecuencia de lo que acabamos de exponer, podemos repetir aquí *ipsis literis* lo que habíamos afirmado más arriba con respecto a las condiciones para la posibilidad de derivar conceptos de referencia espacial a partir de partes del cuerpo.

De este modo, por ejemplo, el uso temporal de la preposición *delante de* en enuncia-dos como *Juan tiene un futuro brillante delante de sí* presupone (i) una frontalidad perceptiva compartida, (ii) el conocimiento intersubjetivo de este aspecto de nuestro esquema corporal y (iii) la capacidad de ponernos en el lugar del otro (Juan) y percibir lo que decimos que él está percibiendo (un futuro brillante). Estos tres aspectos for-man parte de la estructura conceptual de la preposición *delante de* en su uso temporal.

Para facilitar la presentación, nos hemos ocupado hasta ahora mayoritariamente de la experiencia y la conceptuación en el dominio espacio-temporal. Esto nos podría hacer pensar que la importancia de la intercorporeidad se limita a conceptos para los que es posible revindicar una base sensomotora más directa. A continua-ción intentaremos argüir que esto no es así, demostrando que la intersubjetividad forma parte de la estructura semántica de conceptos pertenecientes a dominios considerados tradicionalmente como más abstractos.

Para ello, comenzamos con una reflexión fenomenológica fundamental: la aso-ciación por emparejamiento, la constatación de la semejanza esencial de nuestros esquemas corporales, hace con que se produzca – espontánea- e imaginativamente – también una asociación de nuestros estados y capacidades psíquicas y mentales:

> "Having experienced such a global resemblance of our body-style, I quite spon-taneously transpose myself imaginatively into yourself. You are assaulted by un-pleasant remembering, pleased with some daydreamings, worried about some dark feelings. You tell me about such psychic states and I immediately transpose them as being possible mine. I recall similar experiences where I had such mental states and I am then able to feel empathy." (Depraz 2001: 173).

Esto significa, por ejemplo, que si yo te comunico que he experimentado una re-lación causal entre dos eventos, imagino que tú en mi lugar también la experi-mentarías. O que si tú me comunicas que un cierto estado de cosas te motivó a adoptar una determinada actitud, tú supones que yo voy a conseguir ponerme en tu lugar y entender tu razonamiento. Esto, que podríamos llamar una expansión de la intercorporeidad al ámbito de las capacidades mentales (psíquicas, cognitivas, afectivas, etc.), forma parte de la estructura conceptual de una gran variedad de elementos y construcciones gramaticales. Veamos algunos ejemplos.

(4)
   Yo sé muy bien lo que tú piensas al respecto.

En el enunciado de (4), se hace referencia explícita a dos sujetos-conceptuadores – *yo* y *tú* –, ambos ejerciendo la función de sujeto gramatical de predicados de pen-samiento. En lo que podríamos denominar un primer nivel de análisis, hemos de constatar que ya el uso individual de cada uno se estos predicados de pensamiento y su respectivo sujeto presupone (y evoca) capacidades intersubjetivas. Nótese, primeramente, que la construcción *yo sé* no posee tan solo una dimensión autorreferencial. Pues, aunque el hablante al expresarla se refiera a sí mismo, presentándose como un sujeto-conceptuador dotado de la capacidad cognitiva general que conocemos como 'saber', hemos de advertir que su enunciación se dirige a un segundo sujeto-conceptuador (el oyente), del que se espera que sea capaz de identificar esta capacidad en el hablante. Dicho de otra forma: la conceptuación producida por el hablante incorpora implícitamente al oyente como un segundo sujeto-conceptuador, equiparándolo, en cuanto a sus capacidades cognitivas generales, con el propio hablante. De la misma forma, la construcción *tú piensas* atribuye, en primera instancia y de forma explícita, una capacidad cognitiva al oyente, pero al mimos tiempo incluye también a aquel que la profiere, al hablante, como sujeto-conceptuador de la situación codificada por esta construcción y como enunciador de la misma. La misma línea de razonamiento la podemos aplicar al segundo nivel de análisis, al del enunciado en su totalidad. La conceptuación de la situación expresada por *yo sé muy bien lo que tú piensas al respecto* tiene en el hablante el primer sujeto-conceptuador y en el oyente un segundo sujeto-conceptuador, que vería las cosas del mismo modo si estuviese en el lugar del hablante: 'yo sé muy bien lo que tú piensas al respecto y sé que tú sabes que yo lo sé' (o 'sé que tú en mi lugar también lo sabrías').

La figura 5 presenta las diversas configuraciones de intersubjetividad que acabamos de comentar:

Fig. 5: Configuración de intersubjetividad del enunciado 'Yo sé muy bien lo que tú piensas al respecto'

En la figura 5, la elipsis representa las configuraciones de intersubjetividad constitutivas de la base conceptual (*Ground*) del enunciado *Yo sé muy bien lo que tú piensas al respecto*, mientras que el enunciado en mayúsculas en el rectángulo superior corresponde al contenido conceptual del mismo. La configuración de intersubjetividad del enunciado como un todo está establecida por la relación entre un primer sujeto-conceptuado (SC_1), que corresponde al hablante, y un segundo sujeto-conceptuador (SC_2), que equivale al oyente. Además, existen dos configuraciones específicas adicionales, SC_1–SC_2 y SC_2–SC_1, evocadas, respectivamente, por las construcciones *yo sé* y *tú piensas*.

Entre los conceptos codificados normalmente por la gramática se encuentran la causalidad, la condicionalidad, la finalidad, la concesividad, la consecutividad, etc. Cuando establecemos una de estas conexiones cognitivas entre dos entidades (entre estados de cosas, eventos, procesos, etc.) presuponemos que nuestro interlocutor es capaz de hacer lo mismo. Por tanto, es razonable esperar que la intersubjetividad sea un aspecto integrante de la estructura conceptual de las construcciones gramaticales encargadas de codificar dichas conexiones:

(5)
 *Se trata de un niño que observa cómo dos viejos vecinos juegan ajedrez en un callejón. El pequeño se obsesiona con la situación y llega a identificarse con uno de los peones al que le falta un pedazo. **Tanto así que** decide robarlo para protegerlo.*

En (5), el nexo consecutivo *Tanto así que* señala una conexión consecutiva entre el contenido del enunciado en el que se utiliza y el del enunciado precedente. Obsérvese que en este caso, contrariamente a lo que ocurría en el enunciado (4), el primer sujeto-conceptuador no aparece de forma explícita. Se trata del narrador, que actúa como observador y conceptuador de los hechos relatados. Es este primer sujeto-conceptuador el que establece la relación de consecuencia y el que se la atribuye a un segundo sujeto, al niño. Es decir, el narrador le atribuye al niño la capacidad de percibir y conceptuar un objeto de consciencia (dos viejos jugando al ajedrez) y considerarlo una razón para realizar una acción determinada (decidir robar el peón). Además, al dirigir su texto al lector, el narrador lo hace partícipe de esta atribución ('tú en mi lugar, observando lo que yo observé, también le atribuirías al niño la capacidad de percibir y conceptuar un objeto de consciencia y considerarlo una razón para decidir realizar una acción determinada'). Podemos concluir, pues, que el nexo *Tanto así que* evoca en (5) la siguiente configuración de intersubjetividad: SC_1 (narrador) – SC_2 (niño) – SC_3 (lector).

La intersubjetividad también forma parte de relaciones causales, como se puede apreciar en el próximo ejemplo:

(6)
   La luz del piso de Juan está apagada, **así que** *(yo) creo que ya no debe de estar en casa.*

En (20a) tenemos un ejemplo típico de relación causal epistémica (cf. Keller 1993; Huelva Unternbäumen 2005; Sanders/Sanders/Sweetser 2009, 20–24). En ella, el sujeto-conceptuador constata un hecho (*La luz del piso de Juan está apagada*) que actúa como evidencia o premisa para realizar una determinada inferencia (*ya no debe de estar en casa*). En este caso, la intersubjetividad se establece entre este sujeto-conceptuador (SC_1) y el oyente (SC_2), comprendiendo dos aspectos importantes. En primer lugar, SC_1 conceptúa a SC_2 como un ente dotado de las mismas capacidades cognitivas que él mismo: capaz de constatar un hecho y de sacar conclusiones del mismo. En segundo lugar, SC_1 presenta como intersubjetivamente válido, como perteneciente al conocimiento general, el hecho de que cuando la luz de una vivienda está apagada – por lo menos en determinados horarios – el morador normalmente no se encuentra en ella.

Valgan estos pocos ejemplos para ilustrar que la gramática no codifica los conceptos de causalidad, condicionalidad, finalidad, etc. *in abstracto* o como conceptuaciones atribuibles y, por tanto, pertenecientes tan solo a un sujeto autónomo, nomádico y absoluto, sino que siempre construye y evoca una determinada configuración de intersubjetividad que establece el radio de alcance inmediato del concepto codificado. El caso más simple, subyacente a toda conceptuación, corresponde a la configuración SC_1–SC_2, en la que el concepto codificado y las capacidades cognitivas necesarias para su conceptuación son compartidos por el hablante y el oyente. A parte de esta configuración elemental, existe también una variedad significativa de otras configuraciones de intersubjetividad, resultantes de la presencia de un tercer o cuarto sujeto-conceptuador o de procesos de disociación o duplicación de un mismo sujeto-conceptuador. En el próximo capítulo nos ocuparemos con mayor atención de estas posibilidades.

3. Configuraciones de intersubjetividad: despliegues, duplicaciones, alteridades

Abandonamos la idea de un hablante monológico, nomádico, dotado de una subjetividad caracterizada como una unidad sustancial y lo sustituimos por un sujeto-conceptuador que desde el principio ya es ineludiblemente intersubjetivo, formado en y por la intercorporidad, en y por el encuentro de sí mismo en el otro y del otro en sí mismo. Pero también por el encuentro de sí mismo en sí mismo: el Yo encontrando al Yo (o al me) en otros momentos, en otros lugares, desde otras perspectivas, en otros mundos posibles, imposibles, imaginados, hipotéticos, contra-factuales…:

> "My lived-experiences, which are intentional experiences (such as remembering, imagining, reflecting or feeling), entail the meeting of an object or the encounter of the world. In most of these instances I discover that this "I" (…) has been different from my 'present I' as a 'past I'; could be a different 'I' from my 'effective I' as an imagined one; is not the same from my 'reflected I' as a reflecting one; and is not as a 'felt I' similar to my 'feeling I'. The primal self-alterity of ego is based on intentional/transcendent/embodied consciousness as its experiential condition but discloses the egoic subject itself as being innerly inhabited by many such egoic splittings." (Depraz 2001: 170).

Iniciamos este capítulo analizando algunas de las configuraciones de intersubjetividad que resultan de estos *despliegues* y *auto-alteridades* del Yo. Decimos cautelosamente algunas, porque somos conscientes de que su variedad es enorme, de modo que cualquier intento de elaborar una taxonomía completa o siquiera de presentar aquí una lista mínimamente sistematizada sería, sin lugar a dudas, una pretensión desmesurada. Nuestro objetivos es, más bien, el de trazar los contornos y proponer posibles itinerarios en el análisis de dichas configuraciones y su codificación gramatical.

Si cuando me observo en el espejo percibo la imagen reflejada como contraria a la imagen 'real' de mi rostro es porque consigo reconstruirme como observador a partir de la imagen reflejada. Proyecto la imagen del espejo a la posición que ocupo y a partir de esta imagen proyectada veo la del espejo y la concibo como contraria a la mía como observador (Waldenfels 2006: 79–80). Esto supone que la expresión "me veo" no codifica la relación de un sujeto que (intencionalmente) dirige su atención a un objeto externo. El "me" no corresponde a un cuerpo-objeto, como si de una piedra o de una mesa se tratara. Lo que ocurre es que *mi cuerpo vivo y vivido se ve como cuerpo vivo y vivido viéndose*. Se trata pues, más bien, de un *despliegue*, de una *duplicación* del Yo:

> "Zur Wahrnehmung gehört die Möglichkeit, daß der Wahrnehmender sich selbst sieht, hört und betastet. Doch dies ist nur möglich in Form einer Selbstspaltung." (Waldenfels 1999: 24).

Del mismo modo, me oigo hablando y me siento tocándome, a pesar de que soy yo mismo el que habla y el que toca. El Yo se construye en estos despliegues. Al oírme hablando, me apropio de la voz que oigo, la convierto en mi voz, en parte de mi cuerpo vivo y vivido. Igualmente, al verme viendo, hago mía la imagen que veo y al sentirme cuando me toco me apropio de lo que siento.

La experiencia de este tipo de despliegues y duplicaciones del Yo da lugar a la configuración de intersubjetividad básica $[SC_1-SC_1]$. En ella, el sujeto-conceptuador se concibe a sí mismo a través de una auto-alteridad, de una duplicación del YO, inherente a la ejecución de acciones cotidianas como verse, oírse, rascarse, lavarse, peinarse, acariciarse, alegrarse, avergonzarse, enfurecerse, etc. De un modo general, podemos afirmar que esta configuración de intersubjetividad constituye un aspecto central de la estructura conceptual de todas las construcciones que en la tradición gramatical suelen recibir el nombre de *reflexivas* y que son caracterizadas, desde una perspectiva semántica, como aquellas en las que el sujeto y el objeto manifiestan una correferencialidad. Esta definición tradicional concibe al sujeto una vez como el agente que ejecuta una determinada acción (rascar, peinar) y otra como el objeto afectado por dicha acción (Faltz 1977; Kemmer 1988), desconsiderando que el efecto de la acción es sentido por el cuerpo vivo y vivido del sujeto. Es más, es justamente mediante la experimentación del efecto de la acción en el propio cuerpo vivo y vivido que emerge el verdadero sentido de la acción: rascarse no reside en un tipo específico de movimiento de mis dedos, sino esencialmente en mi experimentación corporal del efecto que este movimiento produce en mi piel. En definitiva, el concepto semántico de la reflexividad no se fundamenta en la relación entre un sujeto-agente y un cuerpo-objeto (o un 'paciente' pasivamente afectado por la acción del agente), sino en la configuración de intersubjetividad $[SC_1-SC_1]$, tal y como la acabamos de definir.

Esta configuración de intersubjetividad básica puede ser integrada en otras más complejas, como podemos apreciar en los ejemplos que siguen:

(7)
    a. Observo como Luisa se peina.

    b. Juan observa como Luisa se peina.

El primer enunciado codifica y evoca una configuración de intersubjetividad compleja, formada por tres configuraciones más simples. La primera, de carácter más implícito, corresponde a la intersubjetividad que se establece entre el hablante, como primer sujeto-conceptuador (SC_1) y el oyente, en su calidad de segundo sujeto-conceptuador (SC_2) y que reside en el hecho de que el hablante considera que si el oyente estuviese en su lugar observaría y conceptuaría la situación del mismo modo que él. La segunda corresponde a la auto-alteridad y duplicación del YO inherentes a la acción reflexiva *Luisa se peina*, que representamos aquí mediante

SC_3–SC_3. Y finalmente, hemos de constatar también que existe una asociación por emparejamiento entre SC_1, SC_2 y SC_3 con respecto a la acción reflexiva desarrollada por SC_3, en el sentido que los dos primeros identifican en esta acción algo que les es también propio. En la figura 6 representamos esta configuración de intersubjetividad compleja:

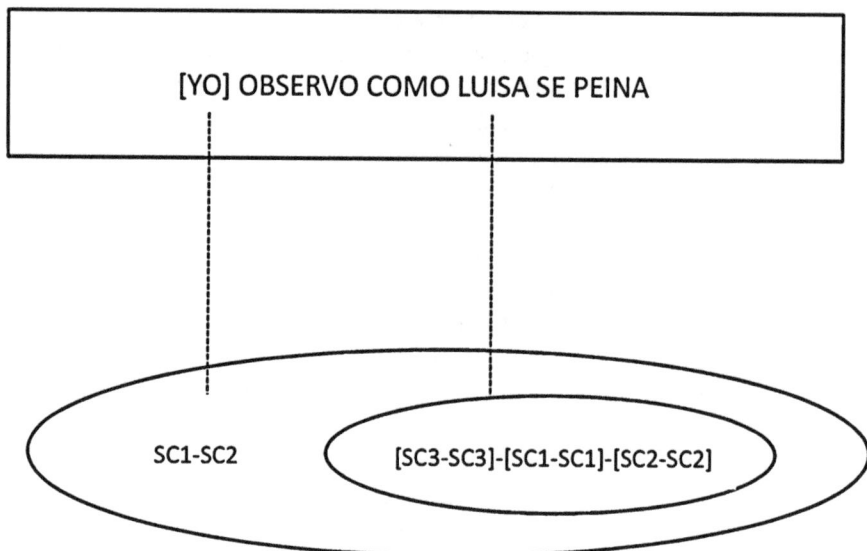

Fig. 6:   *Configuración de intersubjetividad del enunciado Yo observo como Luisa se peina*

En (7b) podemos observar un incremento aún mayor del grado de complejidad debido a la incorporación de un nuevo sujeto-conceptuador (Juan). Dicho incremento se manifiesta, en primer lugar, en el surgimiento de una nueva configuración de intersubjetividad SC_3–SC_1–SC_2, evocada por la expresión *Juan observa* y que radica en el hecho de que el hablante considera que si él o el oyente estuviesen en el lugar de Juan observarían lo mismo que Juan observa. En segundo lugar, hemos de constatar que este nuevo sujeto-conceptuador pasa a participar también de la asociación por emparejamiento relativa a la acción reflexiva desarrollada por Luisa. En la figura 7 representamos la configuración de intersubjetividad resultante:

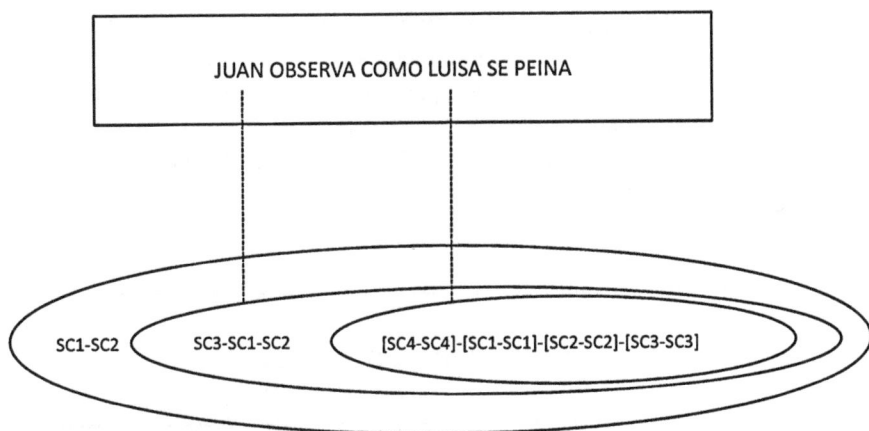

Fig. 7:   *Configuración de intersubjetividad del enunciado 'Juan observa como Luisa se peina'*

Nuestras últimas reflexiones en este capítulo quisiéramos dedicarlas a un aspecto fundamental de la intersubjetividad que hasta ahora hemos dejado más bien en un segundo plano. Se trata del hecho de que los procesos de despliegue, duplicación y (auto-)alteridad, que dan origen a las diferentes configuraciones de intersubjetividad, no se llevan a cabo tan sólo en un único mundo – o en un único *espacio mental*, en el sentido que Fauconnier (1997) da a este término –, sino que a menudo traspasan sus fronteras y transitan simultáneamente por varios mundos: el de lo aquí y ahora y el de lo antes, el de lo real y el de lo hipotético, de lo factual o de lo contra-factual, etc. Por medio de estas extensiones el sujeto-conceptuador adquiere formas específicas de auto(-alteridad): el YO de ahora se contrapone al de antes, el del espacio real al del espacio hipotético, ficticio o deseado. En general, podemos decir que siempre que la gramática evoca una determinada configuración de intersubjetividad nos indica también el espacio o conjunto de espacios en que debemos ubicarla. Observemos a continuación algunas posibilidades.

(8)
     ¡Me gustaría tanto ser rico!

El deseo expresado en (8) implica un proceso de despliegue del YO que crea una auto-alteridad que se extiende por dos espacios mentales: el de lo real, en el que el YO expresa su deseo, y el de lo deseado y, por consiguiente, contra-factual. El proceso de despliegue y de creación de dicha auto-alteridad engloba también al TÚ, o sea al oyente, del que se espera que sea capaz de ponerse en el lugar del hablante y de experimentar y vivenciar lo que supone tener este mismo deseo. La figura 8 muestra la configuración de intersubjetividad generada por (8), así como los espacios por los que se extiende:

Fig. 8:   *Configuración de intersubjetividad y espacios mentales del enunciado '!Me gustaría tanto ser rico!'*

   Las configuraciones de intersubjetividad se pueden extender también por varios espacios temporales, formando lo que Waldenfels (2006: 48–52) denomina una *diástasis temporal del sujeto*:

(9)
        ¿Te acuerdas de cuándo eras niño?

El enunciado en (9) codifica una auto-alteridad del Tú (y, por asociación, también del YO) que se expande por dos espacios temporales distintos: el del ahora-y-aquí (formado por la intercorporeidad, en su forma más esencial, resultante de la co-presencia de los cuerpos vivos y vividos del hablante y del oyente) y el del tiempo recordado. En la figura 9 representamos la configuración de intersubjetividad y los espacios que abarca:

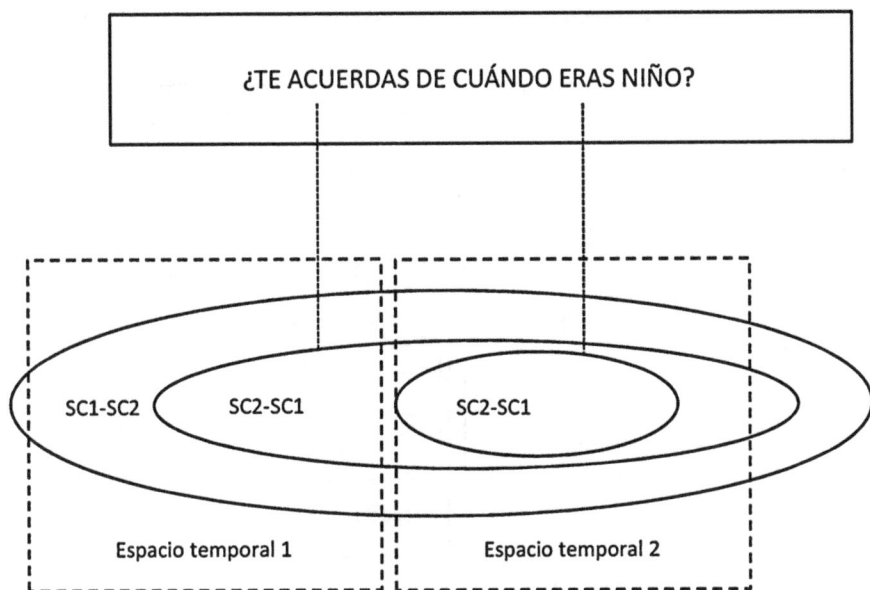

Fig. 9:   *Configuración de intersubjetividad y espacios mentales del enunciado '¿Te acuerdas de cuándo eras niño?*

Finalmente, es importante destacar que los despliegues y las (auto-)alteridades del YO se pueden llevar a cabo simultáneamente por espacios de naturaleza distinta. En (10), por ejemplo, la configuración de intersubjetividad se expande por dos espacios temporales, un espacio epistémico y un espacio causal:

(10)
   El presidente del Congreso de EEUU cree que los españoles cedieron **ante** el terrorismo.

En este enunciado, el hablante (o autor del texto) crea (mediante el uso de *cree*) un espacio epistémico y ubica en él a un segundo sujeto-conceptuador (*el presidente del Congreso de EEUU*). Desde este espacio, el segundo sujeto-conceptuador le atribuye a un tercero (*los españoles*) una determinada relación causal. La estructura resultante se puede apreciar en la figura 10:

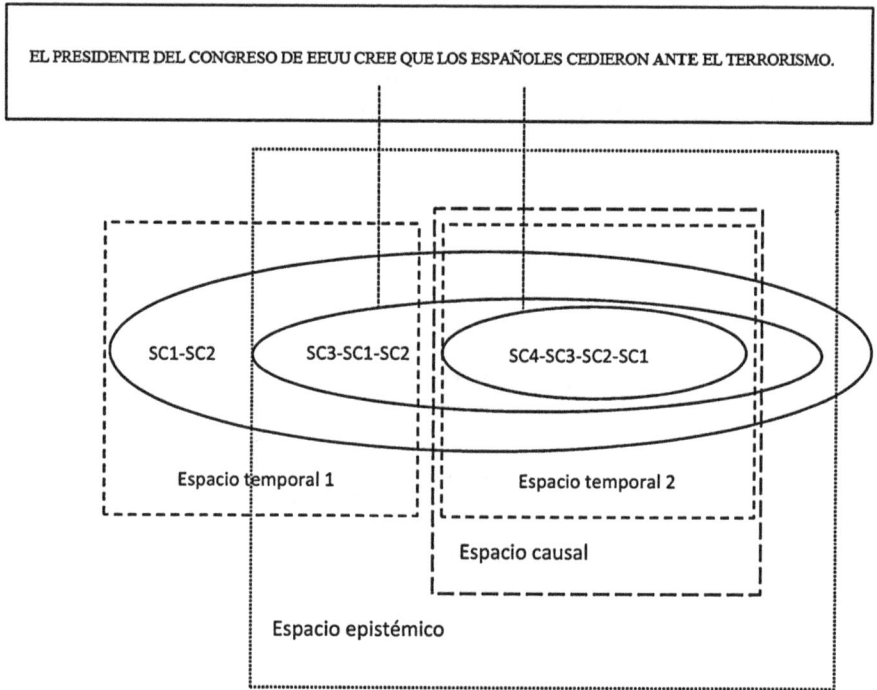

Fig. 10:   Configuración de intersubjetividad a través de varios espacios mentales

Interrumpimos aquí esta primera aproximación al análisis de configuraciones de intersubjetividad. Retomaremos este objetivo en varios de los próximos capítulos de este libro en los que nos proponemos describir las configuraciones de intersubjetividad codificadas por construcciones gramaticales específicas. Consideramos, no obstante, que los ejemplos discutidos hasta el momento nos proporcionan evidencia suficiente para reforzar la hipótesis de que todas las construcciones gramaticales codifican una determinada configuración de intersubjetividad. En este sentido, podemos afirmar que la gramática *registra* la existencia de una comunidad intersubjetiva (en la acepción husserliana), es decir, de un conjunto de sujetos-conceptuadores que comparten el mismo esquema corporal y capacidades psicológicas (cognitivas, afectivas, etc.) semejantes y que, consiguientemente, pueden tener las mismas experiencias en los mismos 'mundos' (espacios mentales) (Husserl 2002: 208–219).

4. La codificación gramatical de configuraciones de intersubjetividad

Acabamos de afirmar que todas las construcciones gramaticales codifican una determinada configuración de intersubjetividad. Al mismo tiempo, no obstante, debemos puntualizar que existen diferencias respecto del modo como se lleva a cabo dicha codificación. En concreto, una construcción o un elemento gramatical se pueden diferenciar de otros en relación con el grado de prominencia que atribuyen a la configuración de intersubjetividad que codifican.

Como mencionamos en la introducción al presente capítulo, en muchos casos las configuraciones de intersubjetividad no son nombradas directamente, permaneciendo más bien como un elemento implícito de la conceptuación, como una base sobre la que se construye el resto de la estructura conceptual de la construcción de que se trate. Es lo que ocurre, como vimos, con los conceptos de tiempo y espacio codificados por la gramática. Así, por ejemplo, cuando profiero un enunciado como *Vi a Juan* ubico temporalmente el evento nombrado con relación al momento presente. Esta ubicación temporal constituye el elemento prominente de la estructura conceptual del pretérito indefinido. La intersubjetividad de la relación temporal, esto es, el hecho de que el momento presente en cuestión surja del encuentro, de la intercorporeidad entre hablante y oyente, permanece, por el contrario, en un segundo plano, como un elemento conceptual implícito, como base sobre la cual se yergue la temporalidad codificada. Lo mismo sucede – para dar otro ejemplo – con las relaciones espaciales codificadas por preposiciones. El hecho de que compartimos el mismo esquema corporal, caracterizado por las asimetrías expuestas en la sección 2, no constituye un elemento prominente de la semántica de preposiciones espaciales, sino que representa la base o el punto de partida que nos permite construir las relaciones espaciales de la forma como están codificadas por dichas preposiciones. La relación espacial dinámica codificada por la preposición *hacia* presupone, por ejemplo, que tú y yo compartimos lo que hemos llamado la *asimetría frontal* como un aspecto central de nuestro ser y actuar en el mundo, sin constituir por ello, no obstante, un elemento destacado de la semántica de esta preposición.

En el presente trabajo proponemos denominar a esta configuración de inter-subjetividad implícita, no prominente, *configuración base*. La configuración base está presente en la estructura conceptual de todas las construcciones gramaticales en el sentido general que hemos expuesto al final de la sección precedente: en el sentido de que la gramática *registra* la existencia de una comunidad intersubjetiva, un conjunto de sujetos-conceptuadores que comparten el mismo esquema corporal y capacidades psicológicas (cognitivas, afectivas, etc.) semejantes y que, consi-guientemente, pueden tener las mismas experiencias en los mismos 'mundos' y que conceptualizan dichas experiencias esencialmente de forma parecida.

En muchos otros casos, en cambio, las construcciones gramaticales codifican, junto a la configuración base, otras configuraciones de intersubjetividad a las que les profieren un mayor grado de prominencia. De un modo general, cabe señalar que en estos casos las construcciones gramaticales disponen de marcas formales específicas que indican el conjunto de sujetos-conceptuadores involucrados, las re-laciones concretas que mantienen entre sí, así como los espacios mentales en los que se establecen dichas relaciones. Los elementos lingüísticos que desempeñan esta función serán denominados en el ámbito del presente trabajo *indicadores de intersubjetividad*. Pertenecen a esta categoría especialmente: (i) todos los elementos lingüísticos que hacen referencia a la presencia de sujetos-conceptuadores (sobre todo sustantivos y pronombres personales), (ii) aquellos elementos que codifican despliegues y auto-alteridades del sujeto (construcciones reflexivas, construcciones que codifican estados psicofísicos, como por ejemplo *Me duele la cabeza, Tengo hambre, miedo*, etc., construcciones que expresan cambio de estado, como *Volver-se, Ponerse*, etc.), (iii) elementos lingüísticos que señalan que un cierto estado de cosas debe ser concebido como un conocimiento compartido por varios (o muchos) sujetos-conceptuadores (marcadores de evidencia – de los que nos ocuparemos de-talladamente en el capítulo 4 – y partículas de negación (Verhagen 2005: 28–77) son ejemplos notables de este grupo).

Finalmente, cabe destacar que la estructura de muchas construcciones gramati-cales refleja directamente una determinada configuración de intersubjetividad. La construcción de complemento directo preposicional (*Veo a Juan*), la construcción ditransitiva (*María dio el collar de rubís a su nieta*), muchas construcciones con complementos de régimen verbal (*Habla con ella*), construcciones recíprocas (*Se aman*), así como una serie de construcciones de oraciones complejas (sustantivas *Sé muy bien lo que piensas al respecto*; causativas *Pedro hizo llorar a su primo*; causales *El presidente de lo EEUU cree que los españoles cedieron ante el terro-rismo*; condicionales contra-factuales *Si en vez de estar aquí estuviésemos en la playa nos divertiríamos mucho*; consecutivas *Su relación con las mujeres, desde la infancia, siempre fue traumática; las desea, pero él pocas veces se ha sentido deseado, de ahí que en su literatura no haya amor, ni siquiera erotismo*, etc.), son claros ejemplos de ello. Son pocas las investigaciones que han identificado la intersubjetividad como un aspecto central del potencial semántico de estas construcciones y mucho, por lo tanto, el trabajo que nos queda por hacer en este ámbito.[5]

5. Presentación de la obra

Los estudios que presentamos en los próximos capítulos amplían y profundizan varios de los asuntos que acabamos de introducir. El próximo capítulo, también de carácter predominantemente teórico, expande y complementa las ideas expuestas en la introducción, al centrarse en la reflexión sobre un aspecto esencial de nuestra estructura conceptual en general y, en particular, de los conceptos codificados gramaticalmente, a saber, su naturaleza eminentemente corpórea. La discusión de este aspecto se lleva a cabo a partir del análisis, desde una visión fenomenológica, de la noción de *esquema imaginístico* y de su aplicabilidad para el estudio de la base conceptual de construcciones gramaticales. Los capítulos 3 y 4 poseen, por el contrario, más bien un objetivo descriptivo. En el primero de ellos ofrecemos un análisis detallado de las relaciones causativas codificadas por la construcción [SN V_{ACC} ante SN_{ACC}] en la lengua española. Este análisis se lleva a cabo en dos niveles distintos: en el nivel intrínseco, relativo a la conceptuación de la naturaleza de la relación existente entre el evento causado y su sujeto y (ii) en el nivel extrínseco, relativo a la conceptuación de la relación entre el sujeto del evento causado y el evento causante. Para llevar a cabo la caracterización de la dimensión intrínseca recurrimos a los conceptos de las configuraciones de intersubjetividad y de la volicionalidad. La dimensión extrínseca, por su parte, es analizada desde la perspectiva del modelo de la dinámica de fuerzas de Talmy (1988; 2000). El capítulo proporciona, además, una caracterización general de la semántica de la preposición *ante*. En el capítulo 4, por su parte, analizamos la semántica de los siguientes marcadores de evidencia de la lengua española: *claro, desde luego, naturalmente* y *por supuesto*. Fundamentándonos en el análisis de enunciados reales, intentamos

---

5   Junto a los trabajos presentamos en los próximos capítulos, hemos de mencionar los siguientes: Verhagen (2005: 78–155), que analiza la codificación de la intersubjetividad oraciones subordinadas sustantivas; Sanders/Sweetser (2009), que muestran cómo la intersubjetividad es imprescindible para caracterizar la semántica (y la pragmática) de algunos conectores causales en holandés; Huelva-Unternbäumen (en prensa), que constata que la intersubjetividad es un aspecto constitutivo de la semántica de la preposición *ante* en sus diferentes usos causales.

demostrar que la estructura semántica de dichos marcadores contiene una serie de instrucciones para especificar el sentido del enunciado en que son utilizados con respecto a un elemento central de la base de conceptuación (*Ground*), a saber, la intersubjetividad. Argüimos, además, que los efectos de sentido que estos elementos producen en la conexión entre enunciados (los llamados efectos argumentativos) resultan de esta función especificadora. La obra finaliza con una reflexión crítica sobre los conceptos de la regla y la norma y sobre cómo estos conceptos limitan perjudicialmente la forma como nos podemos relacionar con la gramática. Para superar esta limitación y activar formas de relacionamiento más naturales y benéficas entre el ser humano y *su* gramática, proponemos abdicar del uso de dichos conceptos y sustituirlos por lo que llamamos una descripción fenomenológica, entendida ésta como una exploración de la experiencia subjetiva, un análisis meticuloso de lo que se nos presenta en la consciencia cuando reflexionamos sobre el uso que hacemos de nuestra gramática en diversas situaciones comunicativas.

Capítulo 2: Esquemas imaginísticos y la base perceptiva de la gramática. Hacia una (re-)lectura fenomenológica

En este capítulo presentamos y discutimos una definición fenomenológica del concepto de esquemas imaginísticos. Desde la perspectiva propuesta, esquemas imaginísticos son operaciones cognitivas generales mediante las cuales construimos nuestras percepciones. Esta definición supera problemas teórico-metodológicos asociados a las visiones tradicionales sobre este concepto, especialmente la paradoja de la proyección. Intentamos además operacionalizar la definición aplicándola al análisis del proceso de conceptualización gramatical de actos de habla directivos, como un ejemplo de concepto abstracto.

1. Introducción

El concepto de esquemas imaginísticos fue introducido en la Ciencias Cognitivas en general y en la Lingüística Cognitiva en particular al final de los años 80 por las obras de Lakoff (1987) y Johnson (1987). Desde entonces, su importancia en el seno de estas disciplinas científicas ha venido creciendo de manera constante, por lo que no es exagerado afirmar que se trata, hoy en día, de uno de sus componentes teóricos principales.

A pesar de (o quizás incluso debido a) esta notable propagación, el concepto de los esquemas imaginísticos está distante de gozar actualmente de una definición homogénea, como lo demuestran, por ejemplo, los trabajos publicados en Hampe (2005). Nuestro objetivo, en el presente trabajo, no es analizar sistemáticamente todos los parámetros de variación que subyacen a esta diversidad definitoria del concepto (Cf. por ejemplo Zlatev 2005), sino aproximarnos al mismo a partir de una reflexión crítica sobre un aspecto que nos parece de fundamental importancia para entender la esencia de los esquemas imaginísticos: su papel en la construcción de conceptos abstractos, en particular aquellos que son codificados por la gramática de lenguas naturales.

Paradójicamente, este aspecto ha suscitado relativamente pocas controversias en la literatura sobre el asunto. La mayoría de los trabajos defiende (o por lo menos acepta) la idea de que los esquemas imaginísticos son estructuras mentales (pre-conceptuales, corpóreas, experienciales, esquemáticas, flexibles, dinámicas, etc.) que se originan en nuestra interacción corpórea, senso-motora con el medioambiente concreto, físico, que nos circunda y que son proyectadas a dominios más abstractos, para construir en ellos los conceptos que integran estos dominios (Cf. por ejemplo, Gibbs y Colston 1995; Johnson 1987; 1993; 2005; Lakoff 1987; Lakoff y Johnson 1980; 1999; Lakoff y Nunez 2000, etc.).

Esta idea general de la proyección (central también en la Teoría de la Metáfora Conceptual de Lakoff y Johnson 1980; 1999), plantea, a nuestro juicio, un problema teórico fundamental que nos fuerza a repensar el papel de los esquemas imaginísticos en la construcción del conocimiento y, en última instancia, la propia esencia de este concepto. El problema al que nos referimos reside, básicamente, en la siguiente paradoja: para que se pueda llevar a cabo la proyección es necesario que presupongamos como dado justamente aquello que (supuestamente) debería ser construido a través de la propia proyección. En la sección 2 nos ocuparemos de describir pormenorizadamente esta paradoja.

Como veremos en la sección 3, la reflexión crítica que proponemos no es nueva, sino que la encontramos formulada ya, de un modo general, en la filosofía fenomenológica y, en especial, de una manera muy explícita, en Maurice Merleau-Ponty. Los argumentos de este autor nos ayudarán, además, a establecer las bases para una redefinición del concepto de los esquemas imaginísticos. Desde la perspectiva que proponemos, los esquemas imaginísticos son procesos cognitivos generales que nos ayudan a organizar nuestra percepción y experiencia. La sección 4 está destinada a explicitar esta noción, así como sus implicaciones para el proceso de construcción del conocimiento en general y para la conceptualización lingüística en particular.

Finalmente, en la sección 5, aplicamos este nuevo concepto de los esquemas imaginísticos a la descripción del proceso de conceptualización lingüística de actos de habla directivos.

2. Esquemas imaginísticos y el problema de la proyección

Las teorías que apuestan en la proyección como un elemento constitutivo central del proceso de conceptualización se ven obligadas a señalar qué es lo que la condiciona, es decir, qué es lo que selecciona entre todos los elementos que componen nuestra estructura conceptual aquel o aquellos más adecuados, que serán proyectados para ayudarnos a construir un determinado concepto. Pues de no existir una selección, una limitación en este sentido, nada impediría que se estableciera un flujo imparable y caótico de elementos conceptuales. Todos y cualquier uno de ellos serían llevados en cuenta a la hora de construir el concepto en cuestión.

En la Teoría de la Metáfora Conceptual, el componente teórico que lleva en cuenta la necesidad de la limitación es llamado Principio (o Hipótesis) de la Invariancia (Cf. Lakoff 1990; 1993; Turner 1993; Grady 2005: 47–48). Abstrayendo de algunas diferencias definitorias secundarias, el Principio de la Invariancia establece que en los procesos de proyección se conserva la estructura imagética del dominio meta (aquel que es objeto de conceptualización):

> "In metaphoric mapping, for those components of the source and target domains determined to be involved in the mapping, preserve the image-schematic structure of the target, and import as much image-schematic structure from the source as is consistent with that preservation" (Turner 1993: 302–303).

Veamos, a modo de ilustración, como actúa el Principio de la Invariancia en un ejemplo bastante conocido. Al analizar la semántica de los verbos modales, autores como Johnson (1987) y Sweetser (1990) sugieren que los significados epistémicos de estos verbos resultan de una extensión metafórica de sus significados básicos en el dominio físico:

> "I am claiming that the epistemic senses are intimately connected with their root senses and that the basis for this connection is that we understand the mental in terms of the physical, the mind in terms of bodily experience. In particular, we understand mental processes of reasoning as involving forces and barriers analogous to physical and social forces and obstacles (...). The key to identifying the connections between the root and the epistemic senses is the metaphorical interpretation of forces and barriers (...). (Johnson 1987: 53).

Ahora bien, para que esta extensión metafórica se pueda llevar a cabo, es necesario que los significados físicos y epistémicos compartan, de antemano, una estructura básica de esquemas imaginísticos. En particular, esto significa que, para que se produzca la proyección, debemos percibir un proceso de raciocinio como algo movido por fuerzas: de premisas (o evidencias) emanan fuerzas que nos conducen "forzosamente" a conclusiones; de modo análogo, premisas (o evidencias) pueden constituir barreras que bloquean la fuerza de un proceso de raciocinio (que evitan, por ejemplo, que lleguemos a una determinada conclusión) (Johnson 1987: 53). Así, por ejemplo, la experiencia de la operación epistémica que me lleva de ciertas premisas a una determinada conclusión la construyo como una fuerza de compulsión que, irresistiblemente, me impulsa a ir de las premisas a la conclusión. Esta fuerza constituye el significado epistémico del verbo *must* (Johnson 1987: 55). Es decir, el esquema imaginístico de la compulsión se manifiesta ya en esta experiencia epistémica antes de que (y como condición para que) se produzca una conexión entre el significado físico y el epistémico de este verbo modal.

Llegamos así a la paradoja que ya mencionamos en la introducción: si la experiencia que da lugar al significado epistémico del verbo ya posee el esquema imaginístico central que la estructura, ¿para qué necesitamos postular una supuesta proyección de justamente este esquema imaginístico desde otro dominio de nuestra experiencia?

Grady (2005) también identifica esta paradoja, pero la solución que nos propone tampoco está, no obstante, exenta de problemas teóricos. Este autor sugiere que existen tres niveles de abstracción involucrados en procesos de conceptualización: (1) los esquemas concretos como ARRIBA; (2) los esquemas más abstractos como MÁS, que Grady denomina "esquemas de respuesta" al constituir, según él, el resultado de metáforas primarias; y (3) los "super-esquemas" como PROPIEDAD ESCALAR, que capturan la estructura compartida entre (1) y (2). Esta propuesta es interesante especialmente porque reconoce la existencia de esquemas que actúan transversalmente, es decir, que construyen el conocimiento en diferentes dominios conceptuales sin pertenecer exclusivamente a ninguno de ellos. Con ello, Grady esquiva la necesidad de explicar cómo se produce la proyección (y la paradoja que resulta del intento de hacerlo). Pues como los super-esquemas son generales e independientes de conceptos o dominios conceptuales particulares, no necesitan ser proyectados de un dominio al otro.

Esta propuesta se enfrenta, sin embargo, a dos problemas substanciales. El primero, apuntado correctamente por Zlatev (2010: 17), reside en el hecho de que Grady no describe ni la naturaleza ni el origen de lo que él denomina "super-esquemas". El segundo, de mayor transcendencia teórica, tiene que ver con los presupuestos de este autor relativos a conceptos fundamentales como el de la percepción y la experiencia. En primer lugar, llama la atención una reducción (tácita) del concepto de percepción al campo senso-motor:

> *"If we adopt the notions of image content and response content above, and the proposed definition of image schemas as representations of sensory experience, then the invariance constraint cannot apply to primary metaphors, though it may apply to other types of metaphors (...). Since the target concepts of these pervasive metaphors have no perceptual content, and therefore no image-schematic structure, there is none to preserve."* (Grady 2005: 47).

Estas afirmaciones de Grady suponen que conceptos como ARRIBA, PROXIMIDAD o LLEGAR A UN DESTINO poseen una base perceptiva, puesto que se originan de la experiencia de nuestra interacción senso-motora con el medioambiente físico que nos circunda. Para este tipo de conceptos, Grady reserva el término esquemas imaginísticos. Por el contrario, según este autor, conceptos como MÁS, SIMILITUD o ALCANZAR ÉXITO no poseen ninguna base perceptiva. Y, obviamente, mucho menos la pueden poseer – siguiendo esta argumentación – conceptos más abstracto, como por ejemplo el significado epistémico de verbos modales.

En sus reflexiones posteriores, Grady incurre en una contradicción que revela claramente su punto de partida equivocado relativo al concepto de la percepción:

> *"Does this mean that the source and target concepts of a primary metaphor share nothing at all? I believe that they do share structure, but on a level more abstract than the one at which sensory images are represented. I will refer to this level as the 'superschematic' level of conceptual organization, since it transcends the distinction between sensory and response content. It includes information like following: Onto-logical category (...); Scalarity and Dimensionality; Aspect (...); Boundedness (...); Trajector-Landmark structure (...); Causal structure; Profil-Base structure; Simplex versus Complex."* (Grady 2005: 47–48).

Pero si estos conceptos más abstractos realmente poseen una estructura – como afirma Grady – y si esta estructura no es un producto de la percepción, ¿de dónde surge? ¿Quién la crea? Es importante observar que la afirmación de que estos conceptos más abstractos ya poseen una estructura inherente constituye un elemento imprescindible en la argumentación de Grady, pues es justamente esta estructura la que representa el denominador común entre los conceptos más abstractos ("target concepts") y los conceptos más concretos ("source concepts") y la que, por lo tanto, garantiza que se pueda establecer una conexión entre ellos.

La alternativa que pretendemos desarrollar en el presente trabajo se fundamenta, en gran medida, en una generalización (o mejor dicho: en la abolición de una restricción injustificada) de la actuación de la percepción como mecanismo de organización y estructuración de nuestras experiencias. En concreto, proponemos que los esquemas imaginísticos representan operaciones centrales de nuestra cognición, mediante las cuales estructuramos tanto las percepciones que dan lugar a lo que comúnmente se denomina conceptos concretos, como las que originan los llamados conceptos abstractos.

Esta propuesta ofrece ventajas tanto frente a la idea original de la proyección, como a la alternativa desarrollada por Grady. Con relación al primer caso, como nuestra propuesta considera que tanto los conceptos concretos como los abstractos están ya, por si, estructurados por esquemas imaginísticos, no necesitamos postular la existencia de una proyección de esquemas de los primeros a los segundos. Con ello, evitamos la paradoja que mencionamos anteriormente. Por otra parte, también se torna innecesario introducir lo que Grady denomina "super-esquemas", librándonos con ello de los problemas teóricos que acabamos de exponer.

En la sección 4, retomaremos nuestra noción de esquemas imaginísticos y la desarrollaremos con mayor sistematicidad. Antes de ello, quisiéramos, no obstante, realizar un breve excurso en la fenomenología de Maurice Merleau-Ponty, destacando especialmente aquellos pensamientos que creemos que nos pueden ayudar a ubicar con mayor precisión el papel de los esquemas imaginísticos en la construcción del conocimiento.

3. Excurso. Hacia una reubicación: los esquemas imaginísticos en la percepción

Sin duda, una de las mayores contribuciones de Merlau-Ponty para el desarrollo de la filosofía fenomenológica reside en subrayar y desenvolver sistemáticamente la importancia primordial que posee la percepción para el conocimiento humano. Influenciado fuertemente por la Psicología de la Gestalt, este autor señala que nuestro conocimiento no se fundamenta en sensaciones 'atómicas', desvinculadas unas de otras, sino en percepciones, entendiendo por ello que nuestro acceso a la realidad no es desnudo y que las sensaciones nos llegan como un todo estructurado por la percepción y no de forma separada. La percepción, por su parte, deja de ser un mero reflejo pasivo de sensaciones y adquiere, desde esta perspectiva, una dimensión activa, configurándose como un acto creador originario:

"(…) a percepção é justamente este ato que cria de um só golpe, com a constelação dos dados, o sentido que os une – que não apenas descobre o sentido que eles têm, mas ainda faz com que eles tenham um sentido." (Merlau-Ponty 2006/1945: 65).

Uno de los argumentos centrales que llevan a Merleau-Ponty a considerar la percepción como un acto creador originario reside en la constatación de la imposibilidad de recurrir *inmediatamente* a la memoria como punto de partida para estructurar las sensaciones:

"Antes de qualquer contribuição da memória, aquilo que é visto deve presentemente organizar-se, de modo a oferecer-me um quadro em que eu possa reconhecer minhas experiências anteriores. Assim, o apelo às recordações pressupõe aquilo que ele deveria explicar: a colocação em forma dos dados, a imposição de um sentido ao caos sensível. No momento em que a evocação da recordação é tornada possível, ela se torna supérflua, já que o trabalho que se espera dela já está feito." (Merlau-Ponty 2006/1945: 44).

Como se puede apreciar, Merlau-Ponty identifica y describe claramente la paradoja de la proyección, a la que nos referimos en la sección anterior. Por otra parte, la inexistencia de una estructura preorganizada por nuestra percepción que regula qué elementos de la memoria son reclutados para ayudar a dar sentido a una experiencia actual, supondría un flujo caótico e incontrolado de recuerdos:

"Pois uma coisa percebida, se fosse composta de sensações e recordações, só seria determinada pelo auxílio das recordações, ela nada teria então em si mesma que pudesse limitar-lhes a invasão (...)". Se enfim se admite que as recordações não se projetam por si mesmas nas sensações, e que a consciência as confronta com o dado presente para reter apenas aquelas que se harmonizam com ele, então reconhece-se um texto originário que traz em si seu sentido e o opõe àquele das recordações: este texto é a própria percepção." (Merlau-Ponty 2006/1945: 46).

Aunque Merleau-Ponty en ningún momento haga uso explícito del término 'esquemas imaginísticos' (por motivos obvios: el término es bastante posterior a la obra de este filósofo), encontramos en su obra la referencia a estructuras que hoy en día son clasificadas claramente como tales por las ciencias cognitivas. Así, por ejemplo, cuando Merleau-Ponty describe el efecto de la atención, hace la siguiente ponderación:

"Já que experimento na atenção um esclarecimento do objeto, é preciso que o objeto percebido já encerre a estrutura inteligível que ela destaca. Se a consciência encontra o círculo geométrico na fisionomia circular de um prato, é porque ela já o tinha posto ali." (Merlau-Ponty 2006/1945: 54).

La percepción del objeto 'plato' implica la realización del esquema imaginístico CÍRCULO. Una vez realizado, puede ser destacado por nuestra atención. A estas estructuras, que denomina generalmente estructuras inteligibles o simplemente Gestalts,[6] les atribuye un papel central en la construcción de ese "texto originario" que es la percepción:

"Mas se a Gestalt pode ser expressada por uma lei interna, essa lei não pode ser considerada como um modelo segundo o qual se realizariam os fenômenos de estrutura. Sua aparição não é o desdobramento, no exterior, de uma razão preexistente. Não é porque a forma realiza um certo estado de equilíbrio, resolve um problema de máximo e, no sentido kantiano, torna possível um mundo, que ela é privilegiada em nossa percepção; ela é a própria aparição do mundo e não a sua condição de possibilidade, é o nascimento de uma norma e não se realiza segundo uma norma, é a identidade entre o exterior e o interior e não a projeção do interior no exterior (...). A Gestalt de um círculo não é a sua lei matemática, mas a sua fisionomia." (Merlau-Ponty 2006/1945: 94–95).

Desde la perspectiva adoptada, las Gestalts (los esquemas imaginísticos) son las operaciones creadoras originarias, inherentes a la propia percepción, que impregnan lo sensible de un sentido, construyendo los objetos y haciendo aparecer el mundo que nos circunda.

---

6   Johnson (1987: 41–64) establece explícitamente el vínculo entre Gestalts y esquemas imaginísticos.

4. Esquemas imaginísticos desde una perspectiva fenomenológica

Intentemos ahora sintetizar y sistematizar las reflexiones precedentes en una definición de esquemas imaginísticos de fundamentación fenomenológica. La definición que proponemos es la siguiente:

> *Esquemas Imaginísticos son operaciones cognitivas generales mediante las cuales construimos nuestras percepciones.*

Esta definición encierra algunos aspectos que merecen ser explicitados con atención, pues constituyen, en muchos casos, alternativas a las visiones tradicionales sobre este concepto.

(i) Definimos los esquemas imaginísticos como las operaciones cognitivas mediante las cuales construimos nuestras percepciones. Este aspecto coincide con el punto de vista que defiende Langacker (2006: 36): "… we should not think of image schemas as something we conceptualize (which the term image suggest), but as cognitive abilities inherent in the conception of other entities. For instance, the source-path-goal image schema could instead be thought of as the capacity for mental scanning. The link schema could be thought of as the capacity to exploit a conceptual connection. The center-periphery schema might be thought of as an asymmetry in mental access."[7]

(ii) Los esquemas imaginísticos, en cuanto operaciones cognitivas, poseen un carácter general. Esto supone, en primer lugar, que no pertenecen a ningún dominio conceptual o concepto en particular, pudiendo así, en principio, actuar en la construcción de cualquier uno, sin que para ello tengamos que suponer una proyección desde otros dominios o conceptos. Esta idea de una autonomía cognitiva de los esquemas imaginísticos la encontramos también en Clausner y Croft (1999). Para estos autores, el esquema imaginístico ESCALA, por ejemplo, corresponde a un parámetro general de grado (o mejor: de graduación) que actúa en la construcción de un gran número de conceptos que manifiestan en su semántica la idea de una ordenación cuantitativa de una cualidad, propiedad o sensación. De esta forma, el concepto de BONDAD, está formado por el concepto cualitativo BUENO y por la idea de una distribución

---

7   Esta visión es también la que adopta Zlatev (2010: 18).

cuantitativa del mismo, proporcionada por el esquema imaginístico ESCALA. Análogamente, nuestro concepto NITIDEZ está constituido por la cualidad 'nítido' y por la graduación de la misma, resultante de su combinación con el esquema ESCALA.

(iii) El carácter general de los esquemas imaginísticos supone, además, su ubicuidad en nuestra percepción. Es decir, su actuación no está restringida a un tipo específico de percepciones, sino que nos valemos de ellos para crear sentido en los diferentes dominios de nuestra experiencia. Esto significa que actúan tanto en la construcción de percepciones en los dominios que comúnmente reciben el atributo de 'concretos', como en aquellos que suelen ser clasificados como 'abstractos'. Mi percepción de que la bondad no se manifiesta en el mundo en términos absolutos, sino que es un fenómeno sujeto a la graduación, está configurada mediante la ayuda del esquema ESCALA, del mismo modo que lo está mi percepción de la graduabilidad de la nitidez. Igualmente, el mismo esquema imaginístico de la CONEXIÓN (entre otras cosas) actúa en la construcción de nuestra percepción de una anterioridad física entre dos elementos (como en 1) o de una anterioridad conceptual (como en 2).

(1)
    El acusado se ocultó ante la presencia de los periodistas.

(2)
    El arte ante las exigencias de la moral.

Este último aspecto, el de la ubicuidad, requiere algunas explicaciones adicionales, puesto que parece ser el menos presente en la literatura sobre los esquemas imaginísticos. Como ya mencionamos, los esquemas imaginísticos se vinculan a la noción de la corporeidad y ésta, a su vez, se reduce al campo senso-motor, a la interacción de nuestro cuerpo con el medioambiente físico que lo circunda. En algunos casos, incluso se reduce la percepción a este ámbito físico. Son muchos los ejemplos que evidencian esta reducción, pero valgan aquí, como representativos de esta tendencia, los siguientes:

"First, there are the directly embodied concepts, such as basic-level concepts, spatial-relations concepts, and event-structure concepts. These concepts have an evolutionary origin and enable us to function extremely successfully in our everyday interactions in the world (...). Second, primary metaphors make possible the extension of these embodied concepts into abstract theoretical domains." (Lakoff/Johnson 1999: 96).

"On the other hand, despite frequent emphasis on the perceptual basis of image schemas, even these earliest discussions in the literature proposed candidate schemas which are not tied to any particular aspect of sensory experience (...). In their subsequent discussion of the SCALE schema, Clausner and Croft (1999) make it even more explicit that this image schema does not refer to any sort of physical scale, or to anything bodily or perceptual at all." (Grady 2005: 38–39).

Lakoff y Johnson (1999: 96) dividen los conceptos en corpóreos y no corpóreos o indirectamente corpóreos, en el sentido de que su corporeidad no les es propia, sino heredada de conceptos corpóreos mediante procesos de extensión metafórica. Pero, ¿no es la corporeidad una característica ineludible de nuestra cognición y percepción? ¿No debemos, por lo tanto, admitir su existencia también en caso de conceptos abstractos? Y, al contrario, ¿la admisión de una cognición no corpórea – o no directamente corpórea – no supondría, en última instancia, retroceder a un dualismo cuerpo-mente que de forma expresa se intenta superar con el énfasis en el concepto de la corporeidad.

Por otro lado, las aparentes imprecisiones y consecuentes oscilaciones en el uso de los términos 'percepción' (perceptivo) y 'sensación' (senso-motor), ejemplificados por la cita de Grady, dan lugar a interpretaciones que distan mucho de la noción fenomenológica de la percepción, a pesar de la manifiesta intención de acercamiento a las posiciones de esta corriente filosófica por parte de los principales autores que han escrito sobre el concepto de los esquemas imaginísticos. Como dijimos, la Fenomenología manifiesta un empeño especial en no confundir la percepción con las sensaciones o con un simple reflejo de éstas. Para la Fenomenología, lo que comúnmente llamamos percepción externa ("Äußere Wahrnehmung", en Husserl) no es más que un caso específico de percepción interna (Innere Wahrnehmung). Así, Orth (1995), al analizar el concepto de percepción en Husserl, señala que:

"(...) was man äußere Wahrnehmung nennt, ist in einem gewissen Sinne ein Fall innerer Wahrnehmung. So ist beispielsweise meine Auffassung, ein außerweltliches Ding zu sehen, einen Sachverhalt festzustellen, zunächst und zumindest eine subjektive Auffassung. Diese sogennante Wahrnehmung eines äußeren Gegenstandes oder die äußere Wahrnehmung ist also in gewisser Hinsicht auch ein Fall von innerer Wahrnehmung." (Orth 1995: 156).

["lo que llamamos percepción externa es, en cierto modo, un caso de percepción interna. Así, por ejemplo, mi concepción de ver un objeto del mundo exterior, de constatar un estado de cosas, es ante todo y como mínimo una concepción subjetiva. Esto que llamamos percepción de un objeto externo o percepción externa es, por lo tanto, de cierta forma, un caso de percepción interna. Traducción del autor.] (Orth 1995: 156).

Ateniéndonos a esto, la diferencia entre la percepción externa y la interna es un producto de nuestra percepción interna. Existe, para expresarlo en una terminología más husserliana, la construcción de una transcendencia (lo externo) en la propia immanencia (lo interno) (Cf. Orth 1995).

Es desde esta perspectiva que postulamos la ubicuidad de los esquemas imaginísticos: afirmamos que son operaciones cognitivas (es decir: internas) generales mediante las cuales construimos nuestras percepciones, independientemente de que sean construidas (internamente) como internas o externas.

5. Esquemas imaginísticos y la conceptualización gramatical

Nuestras reflexiones prosiguen ahora en un ámbito más particular, el de la conceptualización por la gramática. El objetivo que nos proponemos es poner en práctica, en este ámbito, el concepto de los esquemas imaginísticos que acabamos de elaborar.

Para ello – y esto es importante señalarlo – es imprescindible la adopción consecuente de una metodología que esté en sintonía con la naturaleza de este concepto. Su pieza clave y, al mismo tiempo, su punto de partida es la descripción fenomenológica de las percepciones del campo de nuestra experiencia que nos interese y la identificación de los esquemas imaginísticos que participan en su estructuración. Entendemos por descripción fenomenológica un análisis meticuloso de lo que aparece en nuestra conciencia cuando reflexionamos sobre el conocimiento o el uso de la lengua (Cf. Johnson 2005: 21; Zlatev 2010: 6–9; Sonesson 2007: 90).

El objeto de análisis concreto que proponemos es la percepción y conceptualización gramatical de los actos de habla directivos (Cf. Huelva Unternbäumen en prensa). Optamos, pues, por un objeto que la literatura sobre esquemas imaginísticos clasificaría como abstracto y al que no le atribuiría una corporeidad directa.

Actos de habla son, ante todo, acciones y como tales representan aspectos de la realidad que – como cualquier otro tipo de aspecto de la misma – son sometidos a procesos de percepción y conceptualización (Cf. Searle 1969: 16–21). Por otra parte, no obstante, se diferencian de otros tipos de acciones por el hecho de que son ejecutados, principalmente, mediante el uso del lenguaje. De esta circunstancia emana una singularidad importante del objeto de análisis que proponemos: tanto la acción en sí (el acto de habla) como su conceptualización se llevan a cabo en y mediante el lenguaje.

Esto no significa, empero, que para ejecutar la acción y para conceptualizarla se utilicen necesariamente los mismos recursos lingüísticos. Al contrario, en muchos casos las diferencias son patentes:

(3)
    a. (Juan, dirigiéndose a su interlocutor): "¡No me molestes más!"

    a.' Juan mandó a su interlocutor que p.

    b. (La madre, dirigiéndose a su hijo): "¡Como me suspendas otra vez, te vas a enterar!

    b'. La madre advirtió a su hijo que p.

Si aceptamos los enunciados en (3) a' y b' como descripciones posibles de los actos de habla contenidos en (3) a y b, hemos de admitir que el acto y su respectiva descripción se realizan mediante estructuras lingüísticas diferentes. En concreto y para los fines de este trabajo, es importante observar que en las descripciones se utilizan construcciones ditransitivas del tipo [SN_0 V SN_1 a + SN_2], que no están presentes en los enunciados que ejecutan el acto de habla. Es decir, los recursos lingüísticos que nos ayudan a conceptualizar el acto no parecen necesariamente estar ligados a aquellos de los que nos valemos para ejecutarlo.

Concreticemos un poco más esta observación. Como sabemos, Searle (1969) propone representar los actos de habla por medio de la fórmula F(p). En esta fórmula 'p' corresponde al contenido proposicional del enunciado, mientras que 'F' indica la fuerza ilocutiva mediante la cual 'p' es presentado. Si en (3) a' y b' procedemos a la sustitución de 'p' por el respectivo contenido proposicional, veremos que para ello utilizamos, en gran medida, los elementos lingüísticos contenidos en los enunciados que ejecutan los actos de habla:

(4)
    a. Juan mandó a su interlocutor que no le molestase más.

    b. La madre advirtió a su hijo que como suspendiese otra vez se iba a enterar.

Es decir, la diferencia lingüística que hemos constatado al comparar (3) a y b con a' y b' la hemos de restringir a la conceptualización de F, del tipo de fuerza ilocutiva a la que pertenece el acto de habla ejecutado y no a su contenido proposicional. Esta observación más precisa delimita con más exactitud nuestro objeto de análisis: lo que nos interesa es la relación que existe entre ambas entidades: la fuerza ilocutiva de un acto de habla y su conceptualización lingüística. Con relación a esta última entidad, un aspecto que merece una especial atención es el hecho de que, para la conceptualización de un tipo determinado de fuerza ilocutiva, privilegiamos un tipo específico de construcción gramatical. En el caso ejemplificado en (3) y (4), observamos que la conceptualización de actos directivos parece utilizar con preferencia construcciones ditransitivas (Cf. Huelva Unternbäumen, en prensa). Para explicar esta correlación proponemos, a modo de hipótesis, que existe una semejanza entre nuestra percepción de la estructura ilocutiva de un tipo de acto de habla y la estructura conceptual codificada por una determinada construcción gramatical. Si particularizamos esta hipótesis general aplicándola a nuestro caso concreto, esto significa que es posible establecer similitudes entre nuestra percepción de la estructura ilocutiva de actos directivos y el contenido conceptual de construcciones del tipo [SN$_0$ V SN$_1$ a + SN$_2$]. Como veremos a continuación, esta semejanza se fundamente, especialmente, en el compartimiento de esquemas imaginísticos.

¿Cómo percibimos actos de habla? A este respecto, Johnson (1987: 57–61), autor al que debemos una primera aproximación a esta cuestión, subraya que actos de habla son experimentados antes de más nada como acciones y que, consecuentemente, al igual que acciones físicas o sociales, estas acciones lingüísticas son percibidas y entendidas como entidades configuradas por fuerzas.[8] Así, según este autor (1987: 58), "(…) there are patterns of force at work in the structure of speech act itself. So, besides physical force, social force, epistemic force, there is a level of speech-act force (illocutionary force) dynamics".

El centro de esta dinámica de fuerzas lo ocupa la fuerza experimentada por el oyente, que determina cómo éste debe entender un enunciado: como una pregunta, una aserción, una orden, etc. De acuerdo con Johnson (1987: 59), en nuestras prácticas comunicativas percibimos, por ejemplo, una pregunta como una fuerza que nos hace suplir un déficit de información, una afirmación como una fuerza que determina que modifiquemos de algún modo nuestro conjunto de conocimientos o creencias, actos declarativos como fuerzas que nos llevan a constatar y aceptar cambios en nuestro medioambiente social (que nos hacen aceptar que algo fue inaugurado, que una sentencia fue proclamada) etc.

La pregunta que nos interesa ahora, pues, es cómo se configura nuestra percepción de la dinámica de fuerzas en el caso particular de los actos directivos. Para responderla, recurrimos, como punto de partida, a la descripción que nos ofrecen los trabajos sobre lógica ilocutiva. Esta opción puede resultar quizás un tanto sorprendente: ¿nos puede ayudar una descripción científica a entender cómo nuestra cognición corpórea percibe actos de habla en nuestras interacciones cotidianas? Esta aparente paradoja se desvanece si llevamos en cuenta que lo que observa la ciencia también es una experiencia construida por nuestra cognición corpórea (Cf Lakoff/Johnson 1999: 74–93). Tampoco para ella existe una

---

8   Junto a Johnson, cabe mencionar también los trabajos de Traugott (1991) y de Fritz (1998: 126–128).

realidad independiente de sus observaciones ni de los factores que las posibilitan y condicionan (Cf. Merleau-Ponty 2004: 1–8; Luhmann 1990; 1998: 1120).

La fuerza ilocutiva de actos de habla directivos está compuesta, en primer lugar, por un contenido proposicional específico: la representación de una futura acción del oyente. En efecto, el hablante, aconseja, sugiere, ordena, etc. que el oyente haga (o deje de hacer) tal y tal cosa; en segundo lugar, es una condición preparatoria de los actos directivos el hecho de que el oyente sea capaz de ejecutar la futura acción representada en el contenido proposicional; en tercer lugar, la condición de since-ridad de la fuerza ilocutiva de los actos directivos determina que el hablante desee que el oyente ejecute este futuro acto (Searle y Vanderveken 1985: 61); finalmente, todos los actos de habla directivos se caracterizan por un modo especial de consecu-ción que se sitúa entre dos extremos: el hablante, al intentar persuadir al oyente de actuar de determinada forma, puede permitirle el rechazo (pedir, solicitar) o excluir esta posibilidad (ordenar, mandar) (Searle y Vanderveken 1985: 198). En suma, el resultado o efecto de la ejecución de un acto directivo tiene lugar en la esfera del oyente (receptor), puesto que a él es transferida la obligación (o por lo menos la expectativa) de realizar una determinada acción (que haga algo, que responda, etc.). El oyente experimenta que adquiere la responsabilidad por el cumplimiento (o la responsabilidad por las consecuencias del incumplimiento) de la acción propuesta.

Nuestra percepción de la ejecución de un acto directivo contiene, por lo tanto, como elemento central, la dinámica de fuerzas característica de acciones de trans-ferencia, que representamos esquemáticamente en la figura 1.

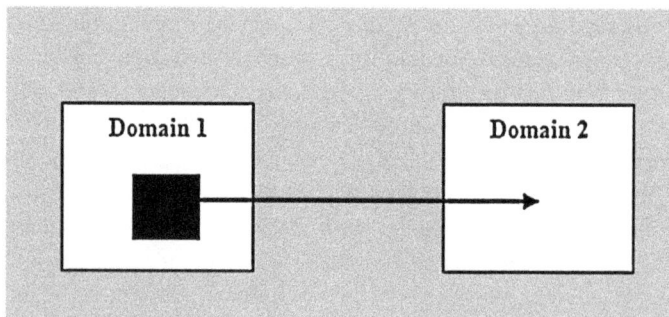

Fig. 1:   Dinámica de fuerzas básica de acciones de transferencia

Como se puede apreciar en la figura 1, la dinámica de fuerzas básica de las acciones de transferencia contiene, como elementos básicos, los esquemas imagi-nísticos generales FUERZA DE COMPULSIÓN y CONTENEDOR. El primero, representado por la flecha, corresponde a la fuerza que se aplica sobre lo transferido de tal forma que se mueva de un punto inicial a un punto final (Johnson 1987: 45). Mediante el segundo, representado por los rectángulos, configuramos el dominio en el que respectivamente se encuentra lo transferido antes y después de la acción de transferencia (Johnson 1987: 22–23).[9]

Estos dos esquemas imaginísticos son operaciones cognitivas generales de las que nos valemos para estructurar percepciones en diversos ámbitos de nuestra experiencia. Siguiendo la propuesta de Langacker (2006: 36), expuesta en el capítulo precedente, entendemos el esquema del CONTENEDOR como la capacidad mental de construir algo en nuestra percepción (una habitación, una calle, el territorio de una ciudad, un estado psicológico, etc.) como un 'espacio' circunscrito. De modo análogo, consideramos el esquema de la FUERZA DE COMPULSIÓN como la capacidad de escanear mentalmente la dislocación de un objeto (una pelota, una bala, un e-mail) a través de una escena compleja, que incluye el momento inicial de la puesta en movimiento y el final de la llegada a un destino. La actuación de estas capacidades mentales en la estructuración de la percepción de los actos de habla directivos hace con que experimentemos la fuerza ilocutiva de actos de este tipo como la transferencia de una cierta responsabilidad u obligación del dominio del hablante al del oyente.

Es justamente esta percepción, estructurada de forma decisiva mediante la intervención de los esquemas imaginísticos CONTENEDOR y FUERZA DE COMPULSIÓN, lo que constituye el punto de partida para la conceptualización lingüística. La conceptualización lingüística, en sentido estricto, comienza cuando la estructura conceptual de una construcción gramatical (o de otro elemento de la lengua) es utilizada para conceptualizar una determinada percepción, estructurada por esquemas imaginísticos.

La conceptualización lingüística de percepciones es en sí también un proceso altamente complejo, en el que actúan diversos mecanismos cognitivos.[10] Su punto de partida es siempre un proceso de *categorización*. Categorizar significa interpretar una experiencia (nueva) con relación a estructuras existentes previamente

---

9   El esquema del CONTENEDOR nos ayuda a conceptualizar a la persona como un espacio circunscrito (el espacio personal), separado del resto del espacio físico. Este espacio circunscrito está compuesto por el propio cuerpo y su radio de acción o dominio, es decir, por el espacio que rodea de forma inmediata al cuerpo y en el cual la persona puede ejercer su influencia (control) sobre otros cuerpos u objetos. El efecto de este esquema es fundamental para la construcción de conceptos abstractos, como por ejemplo el del CONTROL, de la POSESIÓN o de la TRANSFERENCIA (Cf., por ejemplo, Newman 1996: 37–51).

10   Una exposición detallada de estos procesos excedería con mucho el espacio del presente trabajo. A continuación nos limitaremos a comentar algunos aspectos directamente vinculados con el papel de la percepción y de los esquemas imaginísticos.

(Langacker 2008: 17–18). En nuestro caso concreto, interpretamos la percepción de la dinámica de fuerzas inherente a actos directivos en clave de la estructura conceptual codificada por la construcción gramatical ditransitiva [SN_0 V SN_1 a + SN_2]. Obsérvese que sin la existencia de una estructura premoldeada por nuestra percepción no podría iniciarse un proceso de categorización, simplemente porque no tendríamos nada a ser categorizado, nada que pudiese ser comparado al contenido semántico codificado por una construcción gramatical. Nuestra tesis es que el denominador común, o *tertium comparationis*, que posibilita la comparación y el vínculo conceptual entre una percepción y un concepto es justamente el esquema imaginístico (o el conjunto de esquemas) compartido por ambos. El denominador común entre la percepción de la dinámica de fuerzas inherente a actos directivos y la estructura conceptual de la construcción gramatical [SN_0 V SN_1 a + SN_2] lo establecen los esquemas imaginísticos generales FUERZA DE COMPULSIÓN y CONTENEDOR. El compartimiento de estos dos esquemas fundamenta la categorización de actos directivos como casos específicos de transferencia.

La manifestación lingüística más clara de esta categorización la encontramos en el hecho de que, a diferencia de otros tipos de actos de habla (6–9), los actos directivos (5) son, en la gran mayoría de los casos, expresables por medio de una construcción ditransitiva prototípica, con el verbo *dar* como núcleo:[11]

5 (Directivos)
   Dar un aviso a alguien; dar un consejo a alguien; dar una orden a alguien; dar una amonestación a alguien; dar un comando a alguien; dar una advertencia a alguien; dar una instrucción a alguien; dar un encargo a alguien; dar una sugerencia a alguien; dar una recomendación a alguien…

6 (Asertivos)
   a. Constatar algo
      *Dar una constatación a alguien.

   b. Afirmar algo.
      *Dar una afirmación a alguien.

7 (Comisivos)
   a. Prometer.
      *Dar una promesa a alguien.

   b. *Dar un juramente a alguien.

---

11   La utilización de lexemas y construcciones gramaticales cuya semántica se caracteriza por contener secuencias de dinámica de fuerzas tanto para conceptualizar experiencias en el dominio físico como en el dominio de la interacción social es un fenómeno ampliamente documentado por autores como Johnson (1987: 48–61), Johnson y Lakoff (1999: 170–234) y Talmy (2003: 438–440).

8 (Declarativos)
    a. Abrir una sesión.
    *Dar la abertura de una sesión a alguien.

    b. Detener a alguien.
    *Dar la detención a alguien.

9 (Expresivos)
    a. Lamentarse.
    *Dar un lamento a alguien.

    b. Protestar.
    *Dar una protesta a alguien.

La vinculación de una entidad percibida a una estructura conceptual ya existente (fundamentada en la constatación de semejanzas) es, como ya anticipamos, el
primer paso en el proceso de conceptualización lingüística. Establecido el vínculo, la construcción lingüística pone a disposición su estructura conceptual como
material para ayudar a construir la conceptualización de la entidad percibida. Esta
posibilidad de utilizar la estructura conceptual codificada por una determinada
construcción gramatical para conceptualizar experiencias nuevas constituye, sin
duda, una de las características centrales del lenguaje humano (Cf. Fauconnier y
Turner 2002: 182–183). El lenguaje humano es, en este sentido, *equipotencial*:
su capacidad de codificación no se reduce a las situaciones ya codificadas, sino
que las estructuras conceptuales ya existentes nos sirven para la codificación de
nuevas percepciones y experiencias.

No nos vamos a adentrar más en el proceso de conceptualización lingüística
en sentido estricto, pues esto excedería en mucho el espacio y el escopo de este
trabajo. Quisiéramos, para finalizar, únicamente señalar que la utilización de estructuras conceptuales ya existentes no puede ser interpretada, de forma alguna,
como una aplicación sin cambios. Muy por el contrario: todo indica que el proceso de conceptualización lingüística se lleva a cabo mediante la intervención de
operaciones cognitivas complejas que actúan sobre las estructuras conceptuales
seleccionadas, transformándolas de tal forma que se adapten lo mejor posible a las
características de la percepción a ser conceptualizada. Sea cual sea el mecanismo
responsable por ello,[12] es importante dejar constancia de que la existencia de una
percepción estructurada por esquemas imaginísticos representa una condición necesaria para la posibilidad de su actuación.

---

12   En trabajos anteriores apostamos especialmente en el complejo mecanismo de blen-
    ding y en las operaciones que lo integran (Fauconnier y Turner 2002) como artífices
    más adecuados de esta labor (Huelva-Unternbäumen 2008; en prensa).

6. Consideraciones finales

La lengua conceptualiza percepciones estructuradas, de forma decisiva, por esquemas imaginísticos. Este es el principal conocimiento que resulta de una reflexión fenomenológica sobre el concepto de esquemas imaginísticos y su relación con la lengua en general y la gramática en particular. Decimos que es el principal conocimiento, especialmente porque es el punto inicial que indica el camino que deben tomar nuestras reflexiones posteriores sobre la naturaleza de la conceptualización lingüística en sí y los procesos que la llevan a cabo.

Desde esta perspectiva, todo lo que experimentamos está ya construido por nuestra percepción. La conceptualización lingüística opera sobre esta experiencia premoldeada. Es decir, abandonamos, por una parte, una postura representacionalista, según la cual lo que subsumimos simbólicamente bajo una forma lingüística es un reflejo directo y objetivo de la realidad. Y, por otra, libramos al lenguaje de la ardua tarea de ser el único organizador de un "flujo caleidoscópico de impresiones" o de "un *continuum* (…), una masa amorfa" que necesita ser 'vivisecionada' y organizada mediante los sistemas lingüísticos que están en nuestras mentes (Whorf 1956: 213). Existe, por el contrario, una realidad preorganizada para el lenguaje.

La percepción y su inherente corporeidad no son características exclusivas de ciertos ámbitos de nuestra experiencia, que se manifiestan aquí sí y allí no. No poseemos un interruptor para desconectarlas. Si aceptamos esto (y quien adopta una postura fenomenológica no puede dejar de hacerlo), no podemos eximirnos de la pregunta a cerca de cómo nuestra percepción corpórea estructura lo que comúnmente se ha ido denominando *dominios abstractos de la experiencia*. A ellos pertenecen, con un destaque especial, aquellos codificados por la gramática de las lenguas naturales, como es el caso del dominio de los actos de habla directivos, analizado en el presente trabajo.

Y si ese ámbito de la realidad está premoldeado por nuestra percepción corpórea, no nos queda otra opción que la de reajustar el campo de actuación de los mecanismos cognitivos a los que se les atribuye la responsabilidad de llevar a cabo integraciones conceptuales, como por ejemplo, la Metáfora Conceptual. Estos mecanismos no proyectan estructuras conceptuales de nuestra mente sobre una masa amorfa, sobre un caos de sensaciones, ni sobre una realidad objetiva, sino sobre percepciones. Para entender cómo funcionan, y si queremos mantener la hipótesis de la primacía del llamado dominio meta, es imprescindible que el punto de partida del análisis lo ocupe una descripción fenomenológica de la estructura de nuestras percepciones del dominio abstracto que nos interese.

Capítulo 3: La intersubjetividad en las construcciones causativas con la preposición ANTE en la lengua española

En este capítulo ofrecemos un análisis detallado de las relaciones causativas codificadas por la construcción [SN V_{ACC} ante SN_{ACC}] en la lengua española. Este análisis se lleva a cabo en dos niveles distintos: en el nivel intrínseco, relativo a la conceptuación de la naturaleza de la relación existente entre el evento causado y su sujeto y (ii) en el nivel extrínseco, relativo a la conceptuación de la relación entre el sujeto del evento causado y el evento causante. Para llevar a cabo la caracterización de la dimensión intrínseca recurrimos a los conceptos de la intersubjetividad y la volicionalidad. La dimensión extrínseca, por su parte, es analizada desde la perspectiva del modelo de la dinámica de fuerzas de Talmy (1988; 2000). El capítulo proporciona, además, una caracterización general de la semántica de la preposición *ante*.

1. Introducción

En las últimas décadas, hemos podido presenciar un considerable aumento del interés de la lingüística por el estudio de la causación y sus formas de expresión en las lenguas del mundo (cf. Shibatani 2002a; Sanders/Sweetser 2009). Esta tendencia puede ser sin duda interpretada como el reconocimiento del peso que posee el concepto de la causación en el seno de la estructura conceptual del ser humano, peso éste que se refleja, entre otras cosas, en el hecho de que prácticamente todas las lenguas del mundo disponen de algún medio para expresarlo (cf. Shibatani 2002b, 1). Uno de los principales frutos de esta intensa labor investigadora reside probablemente en desvelarnos paulatinamente el alto grado de complejidad, tanto conceptual como formal, inherente a esta categoría.

Así, con respecto a las posibilidades formales de su expresión, sabemos hoy que varían bastante de lengua a lengua e incluso a nivel intralingüístico, englobando elementos que se pueden alinear en un continuo que se extiende desde lo analítico (o sintáctico), pasando por construcciones aglutinadas y fusionales, hasta llegar al empleo de elementos puramente léxicos (cf. Shibatani/Pardeshi 2002, 103–109). Sabemos, además, que, de entre estas diferentes posibilidades formales de expresión de la causación, la más regular y productiva en las lenguas del mundo es la analítica o sintáctica (Shibatani/ Pardeshi 2002, 109).

Desde un punto de vista formal, la causación analítica está constituida típicamente por una estructura de dos verbos en la que uno expresa el evento causante (predicado causal) y el otro el evento causado (predicado de efecto). Aparte de esta característica común, la causación analítica presenta una complejidad y diversidad considerables, tanto en el seno de una misma lengua como a nivel interlingüístico. Este hecho se manifiesta de diferentes maneras. En primer lugar, cabe señalar que, aunque normalmente las lenguas poseen un número reducido de verbos causativos prototípicos, dotados de un alto grado de productividad (como, en español, *hacer* y *dejar*, en francés *faire* y *laisser* o en portugués *fazer* y *deixar*), estos verbos pueden ser usados en construcciones que divergen según ciertos parámetros, como el grado de síntesis o integración del material de la oración subordinada que expresa el evento causado en la oración principal que expresa el evento causante (Givón 1980; Lehmann 1989). Observemos los siguientes enunciados:

(1)
    a. Pedro hizo los niños correr.

    b. Pedro hizo a los niños correr.

    c. Pedro hizo correr a los niños.

Los tres enunciados de (1) están configurados por el mismo verbo causativo *hacer*, pero se diferencian formalmente por ser construcciones gramaticales distintas. En (1a) al verbo causativo le sigue el sujeto lógico del infinitivo, originando una construcción del tipo SVSV. Por el contrario, en (1b) el sujeto lógico del infinitivo aparece codificado como complemento directo del verbo causativo de la oración principal y la construcción resultante es SVOV. Finalmente, en (1c) tenemos una construcción del tipo SVVO, en la que el sujeto lógico del infinitivo está codificado como complemento directo de la estructura predicativa compleja *hizo salir*. Desde una perspectiva gramatical, SVSV, SVOV y SVVO representan tres puntos diferentes en un continuo de integración *versus* independencia del material de la oración que expresa el evento causado en relación a la oración que expresa el evento causante (Soares da Silva 2004, 588–589; Shibatani/ Pardeshi 2002, 103–106). Por otra parte, como demuestran una serie considerable de trabajos, especialmente dentro del marco de la Gramática Cognitiva (cf., v.gr., Givón 1980; Kemmer/Verhagen 1994; Achard 2002; Soares da Silva 2004), estas diferencias en el grado de integración gramatical están en correlación con diferentes grados de integración conceptual: mayor independencia del evento causado en (1a) y menor en (1c); (1b) se sitúa en un punto intermedio entre ambos extremos.

    El segundo factor importante que contribuye de forma significativa al aumento de la complejidad y diversidad de la causación analítica es el hecho de que las lenguas, junto a un número generalmente reducido de construcciones causativas prototípicas, suelen poseer otras, de carácter secundario, que complementan semánticamente a las primeras, posibilitando la expresión de una serie de matices vinculados al evento causativo que no son expresados (ni expresables) por las construcciones prototípicas (cf. Huelva Unternbäumen 2010). Al análisis de una de ellas dedicamos las siguientes páginas. Se trata, ateniéndonos a su estructura semántica prototípica, de la siguiente construcción de la lengua española: [EVENTO CAUSADO *ANTE* EVENTO CAUSANTE]. En (2) presentamos algunos ejemplos de esta construcción:

(2)

   *a. Vernier utilizó células cancerosas para ver cómo reaccionaban **ante** los pulsos eléctricos de alta frecuencia, variando los tiempos de exposición.*

   *b. Ahí están sus porcentajes, realmente altos en el partido de hoy, pero ha fallado los dos tiros libres, se le ha escapado el balón a Mel Turping **ante** la presión ejercida sobre él por Johny Rogers.*

   *c. Cientos de iraquíes huyen de Faluya **ante** el temor a un inminente asalto final.*

   *d. Un día de estos, llegó mi profesora de Lenguaje y nos hizo leer dos autorretratos: de Antonio Machado y Pablo Neruda. Terminamos, pseudo-analizamos y temblé **ante** la perspectiva. Se veía venir la pregunta y yo la rehuía como podía.*

En una primera aproximación, podemos constatar que en (2a) *la reacción de las células cancerosas* fue causada por *los pulsos eléctricos de alta frecuencia;* en (2b) que *la presión ejercida sobre él por Johny Rogers* causa que a *Mel Turping* se le escape la pelota; en (2c) que *el temor a un inminente asalto final* es la razón por la cual *Cientos de iraquíes huyen de Faluya*; y, finalmente, que en (2d) *la perspectiva* (de la inminente pregunta) hizo con que yo temblase.

En cuanto a la realización formal de la construcción, cabe destacar (si bien también aquí con carácter preliminar) que el evento causado es expresado mediante un sintagma verbal con verbo de acción (reaccionar, escapar, huir, temblar), mientras que el evento causante corresponde a un sintagma preposicional encabezado por *ante*, y que contiene un elemento nominal que también denota acción, en muchos casos incluso, como veremos, de naturaleza deverbal (pulso eléctrico, presión, asalto, perspectiva (de pregunta)). A nivel formal, tenemos, pues, una construcción con la siguiente estructura básica: [SN V_{ACC} ante SN_{ACC}].

El objetivo central del presente capítulo reside en analizar, en forma detallada, la naturaleza de la causación expresada por esta construcción, es decir, el potencial semántico (y, por lo tanto, expresivo) que posee en el dominio conceptual de la causación. Como veremos, esta tarea debe ser realizada en dos niveles de análisis distintos, a saber: (i) en el nivel intrínseco, relativo a la conceptuación de la naturaleza de la relación existente entre el evento causado y su sujeto y (ii) en el nivel extrínseco, relativo a la conceptuación de la relación entre el sujeto del evento causado y el evento causante. Como veremos, para llevar a cabo la caracterización de la dimensión intrínseca, será imprescindible recurrir a los conceptos de la intersubjetividad y de la volicionalidad, conceptos estos que en los últimos años se han revelado como necesarios para proceder a una caracterización adecuada de las relaciones semánticas (causales y de otros tipos) entre eventos (cf. Sanders/Sweetser 2009a; Sanders/Sweetser 2009b; Sanders/ Sanders/Sweetser 2009b; Verhagen 2005). La dimensión extrínseca, por su parte, será analizada desde la perspectiva del modelo de la dinámica de fuerzas de Talmy (1998; 2000).

Si observamos las categorías que van a ser necesarias para caracterizar la causación en los dos niveles mencionados en su conjunto, constataremos que se nos configura una estructura semántica de alta complejidad, que se diferencia, en buena medida, de la codificada por otras construcciones causativas de la lengua española. Estamos, pues, – y esto es una de las principales conclusiones a la que vamos a llegar – ante una forma específica de expresión de la causación, dotada de un potencial semántico *sui generis*, que se diferencia de (y, por consiguiente, complementa) las formas de expresión prototípicas de este dominio conceptual en la lengua.

Nuestro itinerario a lo largo de las próximas páginas será el siguiente: en la sección 2, ofreceremos un panorama general sobre el uso de la preposición *ante* en la lengua española, tanto desde una perspectiva sincrónica como diacrónica.; a continuación, en la sección 3, procederemos a analizar el nivel intrínseco de la semántica de la construcción [SN V_{ACC} ante SN_{ACC}], mientras que la sección 4 la destinamos a la caracterización de su nivel extrínseco. Finalmente, en la sección 5, ofreceremos algunas consideraciones de carácter general acerca de la causación expresada por esta construcción en comparación con otras posibilidades que posee la lengua española.

La base empírica de la presente investigación está constituida por enunciados extraídos del Corpus de Referencia del Español Actual (CREA) de la Real Academia Española de la Lengua (RAE). En concreto, el análisis del uso actual de la construcción [SN V_{ACC} ante SN_{ACC}] se fundamenta en todos los enunciados del año de 2004 del CREA que contienen la preposición *ante*, un total de 3045 enunciados distribuidos en 1576 documentos diferentes (tanto escritos como orales). Los datos diacrónicos, que presentamos en la próxima sección, los hemos obtenido a partir de enunciados de diferentes épocas extraídos del Corpus Diacrónico del Español (CORDE).

2. *Ante* como marcador de relaciones cognitivas: algunos datos diacrónicos y sincrónicos

En latín, *ante* formaba parte del sistema binario de preposiciones relacionales (*super-sub, supra-infra, ante-post, intra-extra,* etc., cf. García-Miguel 2006, 1286–1288) y designaba anterioridad, tanto en el dominio espacial como en el temporal (Meyer-Lübke 1890–1906, III, 516; Penny 1993, 221). Es difícil verificar si ya en esta lengua existían casos de lecturas causativas o si (lo que parece ser más probable) el surgimiento de la semántica causativa de *ante* es concomitante a la extensión del uso de preposiciones compuestas. Así, Penny (1993, 221) señala que *ante* fue paulatinamente desplazado por *antes de* (con la "s" que marca su origen adverbial) en el dominio de la anterioridad temporal. De forma análoga, se produjo también un desplazamiento gradual en el dominio locativo, en el que *ante* se enfrentó con derivados como *desante* (< *de ex ante*), *enante* (< *in ante*) y, especialmente, *denante* (< *de in ante*), del que con el tiempo derivó el actual *delante de* (Meyer-Lübke 1890–1906, III, 164; Penny 1993, 221; García-Miguel 2006, 1296–1303).

Este proceso de substitución parece haberse llevado a cabo de forma lenta y gradual, atravesando un largo periodo caracterizado por una coexistencia del uso de *ante* y de sus derivados complejos, periodo que, de hecho, se extiende hasta los días de hoy. Valgan aquí algunos ejemplos de este uso concomitante a través de los siglos.

(3)

    a. Esto es por fuero de vn omne que muestra sennal de juez **delante dos** vezinos derechos & non viene fazer derecho **ante** el alcalle deue pechar çinco sueldos. (CORDE. Anónimo. 1200–1300).

    b. Palabras d' Amos, que fue de los brusceros de Tecoa, que prophetizo sobre Israel, en dias de Osias rey de Judea, en dias de Jheroboam, fijo de Joas, rey [f. 71v] de Israel, .ii. annos **ante de** la tempestad (CORDE. Almerich, 1200).

    c. E después que ofrescieron, salieron fuera **ante** la iglesia, que avía una plaça grande e llana, en la qual vieron un padrón quadrado (...). (CORDE. Anónimo, 1400).

    d. La sentencia destos versos es ésta: quando pasares **delante de** la imagen de santa Mtría non se te oluide el Aue María, que aquel que en este mundo la saludare con el Aue María en el otro mundo será saludado. (CORDE. Anónimo. 1400–1500).

    e. Estando assí airado no havía cavallero que se osase parar delante dél para le dezir cosa alguna, y assí estovo toda aquella noche. Y otro día por la mañana todos los cavalleros fueron **ante** las puertas del palacio del rey y el rey Sornaguer con ellos, mas no porque lo conosciessen, que assí estava entre ellos como si fuera otro cavallero. (CORDE. Anónimo, 1500).

Este paulatino desplazamiento de *ante* por *antes* y por *delante de*, en el dominio temporal y espacial respectivamente, parece ir acompañado de un proceso de especialización de la primera en casos en los que no se expresa tan sólo una mera relación espacio-temporal entre objetos o eventos, sino en los que también y sobre todo se pretende poner de manifiesto la existencia de lo que preliminarmente podríamos designar como una implicación cognitiva por parte del hablante, o de otro sujeto involucrado, con respecto a la relación expresada. Esta dimensión cognitiva de la relación puede ser apreciada fácilmente si comparamos el efecto que produce la substitución de *ante* por *delante de*:

(4)

    a. Se desmayó **ante** el féretro de su marido.

    b. Se desmayó **delante del** féretro de su marido.

En (4b) el hablante expresa, desde su punto de vista como observador, una relación espacial, puramente física, entre un evento (el desmayo) y un objeto (el féretro). En (4a) a esta relación física se añade una dimensión cognitiva, en el sentido de que la relación es concebida (también) como el contenido de una percepción y experiencia de un sujeto determinado, en este caso la esposa. La diferencia de lo que el Yo (como conceptuador y hablante) hace en un caso y en el otro es de suma importancia. Con *delante de* el Yo actúa como sujeto de percepción y conceptuación de la relación espacial entre dos entidades del mundo físico. Con *ante*, en cambio, el Yo procede como el sujeto de percepción y conceptuación de lo que (desde su entendimiento) percibe y conceptúa otro sujeto. Esta posibilidad de (al conceptuar) el Yo colocarse en el lugar del otro, de conceptuar lo que conceptúa el otro, es lo que vamos a llamar dimensión intersubjetiva de la semántica. Esta posibilidad forma parte de la semántica de *ante* en (4a) y no está, por el contrario, presente en la semántica de *delante de* en (4b).

    Es difícil determinar el momento exacto del inicio de este proceso de especialización que conllevó la incorporación de esta dimensión intersubjetiva a la semántica de *ante*. Los (exiguos) datos de los que disponemos parecen dar margen a poder pensar, no obstante, que se trata de un proceso que se desarrolló de forma paralela al de la incorporación y extensión del uso de *antes de* y *delante de* para referirse a relaciones físicas en el dominio espacio-temporal. El primer ejemplo registrado en el CORDE, al que podemos atribuirle esta dimensión, data de 1200:

(5)

    (a) He ellos que yvan fuyendo **ante** los de Israel, echo Nuestro Sennor piedras
    grandes del cielo a la tierra e m[u]rieron dent muchos; mas fueron los que murie-
    ron de piedras que los que los que murieron a espada. (CORDE. Almerich, 1200).

El autor de (5a) no expresa una mera relación espacial entre "ellos" y "los de Israel", sino la razón por la cual "ellos" huyeron. Es decir, el autor se coloca en el lugar del otro ("ellos") que percibe la presencia de los de Israel y concluye que esta presencia es un motivo para huir.

A pesar de este registro de datación muy temprana, la extensión y sistematización del uso de *ante* para expresar la dimensión intersubjetiva a la que nos hemos referido, hay que buscarla en épocas mucho más recientes de la historia de la lengua. De hecho, las ocurrencias de *ante* con sentido intersubjetivo en el CORDE dejan de ser esporádicas tan sólo a partir del siglo XVII.

Pasemos a la situación presente. Antes de adentrarnos en el comentario de nuestros datos relativos al uso actual de *ante*, me parece pertinente revisar las descripciones que nos ofrecen las gramáticas sobre esta preposición.

De un modo general y salvo excepciones, las gramáticas parecen intuir que existe alguna característica semántica básica que diferencia, en el dominio conceptual del espacio físico, *ante*, por un lado, de *delante de* y de otras preposiciones compuestas (*en frente de*, *frente a*, etc.), por otro. Esta intuición, no obstante, no se plasma en una definición clara y homogénea de cuál sería esta característica diferenciadora básica. Así, de Bruyne (1999, 661) señala que "en su función principal, *ante* indica lugar" y añade que esta preposición "puede emplearse en vez de expresiones como *delante de*, *en presencia de* o *frente a*, tanto en sentido físico como figurado. Al mismo tiempo, empero, puntualiza que en sentido figurado, "ciertos autores recomiendan su substitución". Ya Moliner (DUE I, 191) sitúa la diferencia más en el plano estilístico, al afirmar que *ante*, con el sentido de *delante de* o *en presencia de*, "en sentido material se emplea con cierta solemnidad o en el lenguaje literario, por ejemplo en frases como *Se prosternó ante el Rey* o *Ante mi se extendía un paisaje maravilloso*". Por su vez, Alarcos (1994, 216), al comparar *ante* con *delante de*, ve especialmente una diferencia de registro, cuando afirma que *ante* es una de las preposiciones que se utilizan con naturalidad en la lengua escrita o cuidada, pero son raras en el uso coloquial, donde en lugar de *ante* aparece *delante de*.

La excepción la establece Matte Bon (1992, 287). Este autor reconoce la importancia de la dimensión cognitiva en la semántica de *ante*, al enfatizar que la relación de anterioridad entre dos elementos, expresada mediante su uso, tiene lugar más en un plano conceptual que puramente físico y puntualiza además que "cuando lo que interesa es únicamente la posición física, en lugar de *ante* se usa *delante de*.

Esta dimensión cognitiva, que en el presente trabajo (por motivos que exponemos más detalladamente en la próxima sección) preferimos llamar intersubjetiva, constituye un elemento esencial en la semántica actual de *ante*. De las 3045 ocurrencias de *ante* en nuestro corpus, a menos del 5% se le puede atribuir una lectura que no incluya esta dimensión, es decir, que exprese tan solo una relación de anterioridad física, observada por el hablante/conceptuador. Los ejemplos en (6) pertenecen a este tipo:

(6)
    a. Las colas de ayer **ante** los colegios electorales de los Estados Unidos ratifican una movilización sin precedentes de nuevos electores.

    b. Un numeroso grupo de iraquís rezan **ante** la puerta de la mezquita del imán Alí.

La expresión de una anterioridad meramente física exige, obviamente, que el elemento nominal después de *ante* contenga un sustantivo concreto que denote un objeto en el dominio espacio-temporal (*los colegios electorales* en 6a y *la puerta* en 6b). Sin embargo, incluso en muchos casos en los que se cumple esta exigencia no se puede negar la existencia e incluso la predominancia de una clara dimensión cognitiva en la relación expresada por *ante*. Observemos el contraste entre *después de* y *ante* en (7).

(7)
    (a) Cuando me siento **delante de** la tele para ver un capítulo de Buffy es algo así como estar **ante** un buen libro de cómo escribir guiones.

La preposición compuesta *delante de* expresa la relación espacial entre un objeto (tele) y el local en el que se ejecuta una acción (sentarse). Por el contrario, *estar ante un buen libro* no designa sólo y ni siquiera predominantemente una relación espacial entre un individuo y un objeto, sino, y ante todo, una relación cognitiva. El libro no es aquí un objeto del mundo físico, sino un objeto de consciencia, cuyo contenido es percibido, conceptuado y evaluado por el sujeto.

Salvo estas excepciones, en todos los otros usos de *ante*, documentados por los datos de nuestro corpus, la dimensión cognitiva/intersubjetiva constituye un aspecto central de la semántica de esta preposición. A continuación, presentamos una breve descripción de estos usos (excluimos de esta relación los casos de semántica causativa, que analizaremos en profundidad en la próxima sección y el de anterioridad meramente física, que acabamos de comentar).

(I)   Presencia ante una autoridad: representa uno de los usos más extendidos de *ante*, registrado ampliamente en el CREA y de datación considerablemente temprana en el CORDE (ya entre los siglos XII–XIII):

(8)
    a. Jamal Zugam, considerado uno de los principales sospechosos, pues fue reconocido por víctimas de los atentados, compareció **ante** el juez "sin levantar la vista del suelo y terminó llorando.

b. El conde era un noble educado, con especial interés en la cultura griega y con una buena reputación como diplomático, ya que fue enviado especial británico en Viena y Bruselas y ministro plenipotenciario **ante** Prusia.

c. El equipo del candidato oficialista anunció que ayer iba a presentar una demanda **ante** la Comisión Electoral Central, dadas las "falsificaciones sistemáticas".

Aunque *el juez, Prusia* y *la Comisión Electoral Central* sean objetos con una existencia física, lo que tenemos de hecho en mente en (8a, b y c) es su dimensión institucional. Por consiguiente, la preposición *ante* no expresa una relación espacial entre el sujeto (o mejor: la posición que ocupa en el espacio) y un objeto u otro sujeto (o la posición que ocupan en el espacio). Lo que realmente conceptuamos en estos casos son relaciones en dominios abstractos: en (8a) una relación que se establece entre dos sujetos en el dominio judicial; en (8b) una relación entre un sujeto y una entidad geopolítica en el dominio político; y en (8c) una relación entre una entidad política y otra judicial en el dominio político-judicial. En los tres casos, tanto los objetos como las relaciones entre ellos no son concebidos como entidades del mundo físico, sino como objetos de consciencia. Y esto en un doble sentido: el hablante los concibe como objetos de consciencia y concibe que los involucrados lo conciben del mismo modo. Es un ejemplo claro de lo que llamamos dimensión intersubjetiva (cf. sección 3).

(II) Estar ante un objeto de consciencia: con verbos estativos (estar, hallarse, encontrarse, permanecer, etc.) y seguido de sustantivos abstractos, *ante* expresa la relación que existe entre el sujeto conceptuador y un objeto de su consciencia:

(9)
a. Por eso, reitero que el enfoque debe ser el de que el Gobierno entregue apoyo y recursos a los sectores que se hallan **ante** dificultades para producir.

b. Mantenga una actitud abierta **ante** las sugerencias, cambios e interrupciones.

c. Pero la defensa de Salamanca no se basa sólo en razones históricas: se basa en sentimientos de agravio y de expolio a una ciudad, y de favoritismo a otra comunidad autónoma. Estamos, por tanto, **ante** una situación muy delicada, de las que afectan a la cohesión nacional.

Los sustantivos que siguen a *ante* (*dificultades* en (9a), *sugerencias, cambios e interrupciones* en (9b) y *una situación* en (9c)) denotan entidades que se sitúan conceptualmente frente a la consciencia del sujeto. Estos objetos de consciencia, así como la relación que contraen con el sujeto, pertenecen a un dominio puramente epistémico y no físico, espacio-temporal. Lo expresado es una presencia mental, una focalización cognitiva sobre un determinado objeto de consciencia. También en este uso de *ante* podemos constatar claramente la dimensión intersubjetiva.

El hablante concibe que la presencia mental no es únicamente suya y parte del hecho que se da del mismo modo en la consciencia de otros sujetos. Obsérvese, en este sentido, que los respectivos hablantes presuponen como dados, o sea, como intersubjetivamente válidos, tanto las *dificultades* en (9a), como las *sugerencias, cambios* e *interrupciones*, en (9b). En (9c) la intersubjetividad está incluso marcada por el plural del verbo estativo (*Estamos*).

(III) <u>Relación entre objetos de conciencia</u>: si en el caso anterior *ante* expresaba una relación entre el sujeto conceptuador y su objeto de consciencia, en ejemplos como los siguientes la relación se establece entre dos objetos de consciencia:

(10)

    a. España e Italia certificaron ayer su coincidencia de intereses **ante** el futuro de la UE y la seguridad y la plasmaron en su apoyo a flexibilizar el Pacto de Estabilidad y mantener los fondos comunitarios para los países que los reciben, y en la creación de equipos conjuntos contra el terrorismo islamista y de ETA.

    b. En total, serán unas cien farmacias que, de forma voluntaria, estarán conectadas permanentemente con la Consejería de Sanidad para trasladarle sus "sospechas" **ante** los efectos secundarios que provocan algunos productos (…).

    c. Los discursos sobre la cultura de paz son inútiles **ante** una realidad que se construye con acciones que siguen formando para la guerra.

    d. El billete verde se revalorizó ayer **ante** las principales divisas, pese al pesimismo de los expertos que temían una brutal caída en el caso de un desenlace incierto.

El vínculo cognitivo establecido entre los dos objetos de consciencia sirve, en unos casos, para concretar un objeto mediante el otro (el que sigue a *ante*). La preposición *ante* equivale entonces a *respecto de*. Con esta función se emplea ante en (10a y b). En otros, la relación cognitiva entre los dos objetos de consciencia nos permite realizar una comparación entre ellos. Es lo que ocurre en (10c y d).

(IV) <u>Relación antagónica entre objetos de consciencia</u>: un uso semánticamente entroncado con el anterior lo tenemos en ejemplos como los siguientes:

(11)

    a. Para Musrri el atado tampoco es nuevo, porque ya en el 97', con Roberto Hernández como DT, el capitán perdió su puesto **ante** Pablo Galdames, "y después igual volví a jugar", comentó.

    b. Los Jazz caen **ante** los Pacers en Indianápolis (94–80).

    c. En la segunda parte, el Betis pecó de precipitación en su afán de marcar y, pese a dominar siempre, tampoco creó claras ocasiones de gol **ante** una contundente defensa maña.

En (11) *ante* también establece una relación entre dos objetos de consciencia pero la califica adicionalmente como antagónica. La relación expresada es de competencia o rivalidad y los objetos relacionados se nos presentan, por consiguiente, como antagonistas con respecto a alguna actividad (sobre todo de carácter deportivo). *Ante* podría ser sustituido en estos casos por el *contra*.

(V) <u>Comparación entre objetos de consciencia</u>: en ejemplos como los en (12), *ante* expresa una relación de comparación entre dos objetos de consciencia, señalando que uno (el introducido por la preposición) es superior al otro respecto a alguna cualidad:

(12)
   a. Los discursos sobre la cultura de paz son inútiles **ante** una realidad que se construye con acciones que siguen formando para la guerra.

   b. Sin embargo esa rica historia que podemos comprobar al visitar este pulcro pueblo blanco tan monumental, palidece **ante** la belleza de sus playas.

Esta semántica la encontramos también en expresiones fijas como *ante todo* o *ante todas las cosas*.

(VI) Finalmente, en algunos enunciados de nuestro corpus, la preposición *ante* relaciona dos objetos de consciencia con una semántica concesiva. En estos casos, *ante* es remplazable por *a pesar de*:

(13)
   a. No me cabe la más mínima duda de que en todo ello hay un claro y sincero ejercicio de transparencia y honestidad informativa por parte de este periódico, **ante** los intentos de descalificación vertidos por el Gobierno en funciones y organismos vinculados.

   b. Fue entonces cuando, "como ya estaba decidido", puso en marcha en el Hospital Universitario de Canarias (HUC) una unidad de reproducción asistida tras un periodo de formación en Boston, la clínica Dexeus y el Instituto Valenciano de Infertilidad. Albertos lo consiguió **ante** la incredulidad de muchos y la estupefacción de algunos.

   c. EL DIARIO no se arredró **ante** los ataques que recibió (…).

Este recorrido por algunos datos diacrónicos y sincrónicos relativos al uso de *ante* en la lengua española nos permite concluir que esta preposición se ha especializado como marcador de relaciones cognitivas entre un sujeto y sus objetos de consciencia. El dominio conceptual en el que opera no es el domino físico, espacio-temporal, sino el propio dominio mental, cognitivo.

Existe, entre ambos casos, una diferencia fundamental de configuración. Una relación en el espacio físico está constituida por un sujeto conceptualizador que observa dos objetos de su medio ambiente espacio-temporal y constata una relación entre ellos (en el caso de *ante*, una relación de anterioridad). Uno de los objetos de la relación puede ser, obviamente, el cuerpo del propio sujeto conceptuador. Por el contrario, en una relación en el dominio cognitivo el sujeto no observa objetos externos, sino sus propios objetos de consciencia y, lo que es esencial, se observa a sí mismo, a su consciencia ante estos objetos. Como veremos a continuación, esta posibilidad de verse a sí mismo observando objetos de consciencia es el punto de partida para delinear la dimensión intersubjetiva de la semántica de *ante*.

3. Categorías intrínsecas de la causación con *ante*

Como vimos en la introducción, podemos caracterizar un evento causal con respecto a la manera cómo percibimos y conceptuamos la relación existente entre el evento causado y el sujeto del mismo. Para llevar a cabo esta caracterización intrínseca, vamos a recurrir a dos conceptos principales: el de la intersubjetividad y el de la volicionalidad Al primero de ellos, al de la intersubjetividad, tenemos que atribuirle una cierta prioridad frente al segundo, puesto que actúa, como veremos, como condición necesaria para la posibilidad de llevarlo en cuenta como concepto adecuado para describir eventos causales (o de otro tipo). Por este motivo y por el hecho de constituir una categoría relativamente nueva en la descripción gramatical, nos parece pertinente dedicarle un poco más de atención en las próximas páginas.

3.1 El concepto de la intersubjetividad

El concepto de la intersubjetividad no es nuevo en la lingüística. Relativamente nuevo es, no obstante, el reconocimiento de que está codificado gramaticalmente, es decir, que forma parte del contenido semántico de muchos elementos y construcciones gramaticales (cf., v.gr., Sanders/Sweetser 2009b; Sanders/Sanders/Sweetser 2009; Verhagen 2005).

La definición del concepto no es uniforme, sino que oscila, de un modo general, entre dos grandes tendencias (cf. Duranti 2010). Por una parte, se entiende como conocimiento compartido entre dos o más sujetos. En este sentido, la intersubjetividad es un resultado de nuestras prácticas comunicativas (o mejor dicho: al cual podemos llegar a través de ellas). Esta lectura del concepto es hoy en día seguramente la dominante en amplios sectores de la lingüística y de otras ciencias humanas y sociales, especialmente en las disciplinas que tienen como objeto de estudio la conversación, el diálogo o el discurso (cf. Duranti 2010, 4–6).

Esta noción de intersubjetividad no es, sin embargo, a nuestro juicio, la más adecuada para caracterizar la gramática, por un motivo bastante obvio: si concebimos la intersubjetividad como el conocimiento compartido que resulta de nuestras prácticas comunicativas actuales, no podemos, al mismo tiempo, considerarla como un prerrequisito para ellas (cf. Duranti 2010, 9). Y la existencia de una gramática lo es. Por esta razón, optamos en el presente trabajo por una definición fenomenológica del concepto de intersubjetividad, la segunda tendencia a la que hacíamos mención.

En la Fenomenología y, especialmente, en Husserl,[13] la intersubjetividad es la cualidad esencial de la existencia del ser humano, constitutiva tanto del propio sujeto como de la noción de un mundo objetivo.

Para explicar cómo se constituye la intersubjetividad en el propio sujeto (y no en la comunicación, pues es una condición para su posibilidad), Husserl sitúa en el centro de su reflexión filosófica la esfera primordial del Yo. Esta esfera, caracterizada por la consciencia del propio cuerpo (entendido como *Leib*, es decir, como cuerpo vivo y vivido por mí), representa la esfera de lo mío propio y todo lo que la traspasa algo extraño al Yo. A partir de ahí, Husserl intenta, en varios pasos, describir cómo se crea, en el sujeto, la referencia a todo lo que es extraño al Yo, al "no-yo" (a lo "no-egóico", "*das Ich-Fremde*"). En un primer paso, percibo la presencia de otro cuerpo que se parece al mío. Esta semejanza me lleva a una asociación por emparejamiento ("*Paarungsassoziation*") entre mi cuerpo y el otro cuerpo percibido, lo que a su vez me motiva a atribuirle al cuerpo percibido la cualidad de cuerpo vivo ("*Leib*"), así como la posesión de una consciencia sobre su cuerpo vivo ("*Leibbewußtsein*"), a imagen y semejanza de mí mismo. Y, finalmente, considero que este proceso de asociación por emparejamiento es recíproco, es decir, atribuyo al otro la facultad de hacer lo mismo al percibir mi cuerpo:

> "*Leicht verständlich ist auch die Art, wie eine solche Fremdappräsentation im beständigen Fortgang der wirksamen Assoziation immer neue appräsentative Gehalte liefert (...). Den ersten bestimmten Gehalt muß offenbar das Verstehen der Leiblichkeit des Anderen und seines spezifisch leiblichen Gehaltens bilden: das Verstehen der Glieder als tastend oder auch stoßend fungierende Hände, als gehend fungierende Füße, als sehend fungierende Augen usw (...). In weiterer Folge kommt es begreiflicherweise zur Einfühlung von bestimmten Gehalten der höheren psychischen Sphäre. Auch sie indizieren sich leiblich und im außenweltlichen Gehaben der Leiblichkeit, z.B. als äußeres Gehaben des Zornigen, des Fröhlichen, etc. – wohl verständlich mit meinem eigenen Gehaben her unter ähnlichen Umständen.*" (Husserl 2002, 198–199).

---

13   Para la exposición del concepto de intersubjetividad en Husserl hemos tomado como texto base Husser (2002).

En síntesis, intersubjetividad en Husserl hace referencia a la capacidad del sujeto de ponerse en el lugar del otro, la capacidad de cambiar de lugar (*"Platzswechse-ln"*). Al hacerlo, extiendo al otro mis características y capacidades. Entre ellas se encuentran las capacidades psicológicas superiores, a las que pertenece la capacidad central de establecer relaciones causales entre entidades percibidas (objetos, procesos, eventos, etc.).

De acuerdo con Duranti (2010, 13) la intersubjetividad, en este sentido fenomenológico, está codificada y reflejada, de un modo general, por el lenguaje:

> *"We need to become aware of the fact that language displays and involves inter-subjectivity, even before it can be decoded according to grammatical or lexical information. The mere use of language, even before its denotational meaning can be processed and decoded, establishes the possibility of encountering an Other at a level that is projected as highly sophisticated and specific."* (Duranti 2010, 13).

En el presente trabajo proponemos una particularización de esta hipótesis general de Duranti, al afirmar que la capacidad de atribuir relaciones causativas a otros sujetos (la intersubjetividad de las relaciones causales) está codificada por la gramática de las lenguas naturales y, en concreto, constituye un elemento esencial de la semántica de la construcción [SN V_{ACC} ante SN_{ACC}] (y, como vimos en la sección precedente, de semántica de la preposición *ante* en general). Si analizamos, desde la perspectiva fenomenológica que acabamos de esbozar, la configuración de esta intersubjetividad de relaciones causativas, obtendremos los siguientes aspectos constitutivos básicos: (i) un sujeto conceptuador que percibe otro ser y lo conceptualiza como otro sujeto conceptuador, o sea, atribuye a este otro ser todas las cualidades y capacidades que él mismo posee como sujeto conceptuador; (2) al hacerlo, concibe que el otro sujeto conceptuador es, entre otras cosas, capaz de percibir y conceptuar (simultáneamente) dos objetos de consciencia y (3) que además es capaz de establecer una relación causativa entre ellos.

Observemos las diferentes formas de manifestación de esta configuración básica en nuestros datos.

(I)   Intersubjetividad de una 'causa real': el primer sujeto conceptuador le atribuye al segundo la capacidad de percibir y conceptuar dos eventos físicos y de concebir una relación de causa-efecto entre ellos.

(14)
> Vernier utilizó células cancerosas para ver cómo reaccionaban **ante** los pulsos eléctricos de alta frecuencia, variando los tiempos de exposición.

En (14), el autor del texto actúa como primer sujeto conceptuador (abreviado, SC_1). SC_1 concibe a Vernier como sujeto conceptuador (que vamos a denominar segundo sujeto conceptuador, o abreviado, SC_2) y le atribuye la capacidad de percibir y conceptuar simultáneamente dos objetos de consciencia (OC), a saber, los eventos *aplicación de pulsos eléctricos de alta frecuencia* y *reacción de células cancerosas*. Además, SC_1 le atribuye a SC_2 la capacidad de establecer una relación entre estos dos objetos de consciencia, de tal manera que uno es el evento causante del otro, que se concibe, por consiguiente, como evento causado. La figura 1 representa esquemáticamente los elementos que configuran la intersubjetividad de esta relación causativa.

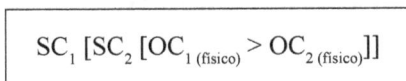

$$SC_1 \; [SC_2 \; [OC_{1 \, \text{(físico)}} > OC_{2 \, \text{(físico)}}]]$$

Fig. 1:   Intersubjetividad de una causa real

En la figura 1, SC_1 conceptúa todo lo que está después del primer corchete. Es decir, conceptúa que SC_2 concibe una relación causal entre OC_1 y OC_2 (indicada por >).

(II) Intersubjetividad de una razón: el primer sujeto conceptuador le atribuye al segundo la capacidad de percibir y conceptuar un objeto de consciencia y considerarlo una razón para realizar una acción determinada.

El ejemplo en (14) se diferencia del que presentamos en (15) con relación a dos aspectos importantes: (i) en el primer caso, los dos objetos de consciencia poseen correlatos directos en el domino espacio-temporal, en el segundo, en cambio, OC_1 es 'tan sólo' un objeto de consciencia (un estado psicológico) atribuido por SC_1 a SC_2; (ii) en (15), pero no en (14), OC_2 es una acción ejecutada por SC_2. Dicho de otra forma: en (14), SC_1 atribuye a SC_2 la conceptuación de una causa real y en (15) la conceptuación de una razón.

(15)
   Cientos de iraquíes huyen de Faluya **ante** el temor a un inminente asalto final.

En la figura 2 representamos los elementos constitutivos de la intersubjetividad de este tipo de causalidad.

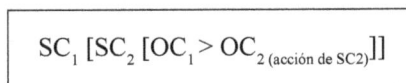

$$SC_1 \; [SC_2 \; [OC_1 > OC_{2 \, \text{(acción de SC2)}}]]$$

Fig. 2:   Intersubjetividad de una razón

Los dos próximos tipos de intersubjetividad de relaciones causativas se caracterizan por el hecho de que SC_1 y SC_2 son el mismo sujeto conceptuador. Es decir, el hablante se observa y se conceptúa a sí mismo como observador y conceptuador de una relación causativa. Estas dos operaciones de observación y conceptuación se realizan en momentos diferentes: en un momento t_2 el sujeto observa (y relata) cómo él mismo, en un momento anterior t_1, realizó la observación y conceptuación de una relación causativa. Se trata, pues, de una intersubjetividad del propio sujeto.[14]

(III) Intersubjetividad de una 'causa real' en el propio sujeto: SC_1 se atribuye a sí mismo la observación y conceptuación de dos eventos físicos y de una relación de causa-efecto entre ellos.

(16)
> Ahí están sus porcentajes, realmente altos en el partido de hoy, pero ha fallado los dos tiros libres, se le ha escapado el balón a Mel Turping **ante** la presión ejercida sobre él por Johny Rogers.

Repárese que el uso de la forma pretérita (*ha fallado, ha escapado*) señala que SC_1 conceptúa la relación causativa entre los dos eventos (la presión ejercida y la pérdida del balón) en un momento t_1 y se refiere a ella mediante el texto en un momento posterior t_2. Además es importante observar que, aunque se trate de objetos de consciencia con un claro correlato físico, la responsabilidad por unirlos causalmente recae sobre SC_1. Es él quien determina que a Mel Turping se le escapa la pelota por la presión ejercida por Johny Rogers y no por otras causas posibles.
La figura 3 muestra los elementos constituyentes de la intersubjetividad de este tipo de causación.

$$SC_1 \, [SC_2 = SC_1 \, [OC_{1 \, (\text{físico})} > OC_{2 \, (\text{físico})}]]$$

Fig. 3:   *Intersubjetividad de una causa real en el propio sujeto*

(IV) Intersubjetividad de una razón en el propio sujeto: de forma análoga, SC_1 puede atribuirse a sí mismo (en un momento t_2) la acción de percibir y conceptuar un objeto de consciencia y de considerarlo una razón para realizar una acción determinada (en un momento anterior t_1).

---

14   "Indem ich als dieses ego die für mich seiende Welt als Phänomen konstituiert habe und fortgehend weiter konstituiere, habe ich unter del Titel Ich, im gewönnlichen Sinne des meschlich-personalen Ich, innerhalb der gesamten konstituierten Welt eine verweltliche Selbstapperzeption in entsprechenden konstitutiven Synthesen vollzogen und halte sie in beständiger Fortgeltung und Fortbildung." (Husserl 2002, 177).

(17)

> Nosotros fuimos retrocediendo, y no digo los colombianos, todos los otros países de América fuimos cediendo un poco **ante** la firmeza de los brasileños y su capacidad de negociación.

En (17), SC_1 nos relata que *la firmeza de los brasileños* fue el motivo que lo hizo *retroceder y ceder un poco*. Obsérvese también en este caso el uso de formas del pasado para marcar la diferencia temporal entre el momento del establecimiento de la relación causativa y el momento posterior en el que SC_1 hace referencia a ella en su narración.

La figura 4 exhibe los elementos constituyentes de la intersubjetividad de una razón en el propio sujeto.

$$SC_1 [SC_2 = SC_1 [OC_1 > OC_{2 \,(\text{acción de } SC_2)}]]$$

Fig. 4:   *Intersubjetividad de una razón en el propio sujeto*

(V) <u>Intersubjetividad entre más de dos sujetos</u>: en casos como los siguientes, la intersubjetividad de la relación causativa se establece entre más de dos sujetos conceptuadores:

(18)

> a. Carmen Valdés dijo que su nieto, de 19 años, actuó en defensa propia **ante** la provocación del otro joven.

> b. El presidente del Congreso de EEUU cree que los españoles cedieron **ante** el terrorismo.

En (18a y b), el primer sujeto conceptuador es el hablante (o autor del texto). Éste hace referencia a un segundo sujeto conceptuador (en (18a), *Carmen Valdés* y en (18b) *el presidente del Congreso de EEUU*) que, a su vez, le atribuye a un tercero (*su nieto* en (18a) y *los españoles*, en (18b)) una determinada relación causativa. Tenemos, correspondientemente, la siguiente estructura:

$$SC_1 [SC_2 [SC_3 [OC_1 > OC_{2 \,(\text{acción de } SC_3)}]]$$

Fig. 5:   *Intersubjetividad entre más de dos sujetos*

Si abstraemos de las diferencias que hemos ido mencionado, constataremos que los cinco tipos de intersubjetividad presentan un denominador común de central importancia para caracterizar la semántica de la construcción [SN V_{ACC} ante SN_{ACC}]: un sujeto conceptuador es siempre presentado como el responsable por la relación causativa. La relación causativa no la situamos en el mundo objetivo, sino que es concebida como el resultado de un acto de conceptuación por parte de un sujeto. Como hemos visto, el hablante puede presentarse a sí mismo como el responsable por la relación causativa, o bien atribuir la responsabilidad a otra persona. Esta constatación nos permite afirmar que la preposición *ante* actúa en la citada construcción, sobre todo, como un marcador de la intersubjetividad de relaciones causativas.

La validez de esta hipótesis se ve corroborada por ejemplos como los siguientes:

(19)

   a. Los cristales se rompieron **por** (**por causa de, debido a**) la explosión de la bomba.

   a'. Los cristales se rompieron **ante** la explosión de la bomba.

   b. El edifico se desmoronó **por** (**por causa de, debido a**) un corrimiento de las tierras de la ladera.

   b'. El edifico se desmoronó **ante** un corrimiento de las tierras de la ladera.

En los ejemplos en (19) no se explicita ningún sujeto conceptuador, ni siquiera el propio hablante o autor del texto. Por ello, es, obviamente, imposible construir una intersubjetividad de la relación causal expresada (¿entre qué sujetos se establecería?). La relación causal no puede ser ubicada en un sujeto conceptuador, puesto que no se nombra ninguno. A falta de otro sujeto, resta tan sólo un hablante (implícito) que meramente observa y relata eventos situados en el 'mundo objetivo' que están vinculados causalmente.[15]

El uso de *ante* en estos casos es inapropiado. Repárese que en (19a' y b') *ante* produce una ruptura del vínculo causal directo y parece incluso consentir una interpretación local de la relación entre los eventos: el edificio se desmoronó cerca de o delante de, pero no necesariamente por causa de un deslizamiento de tierras.

Otro dato importante, que sustenta esta hipótesis, resulta del hecho de que nuestro corpus no presenta ningún enunciado causativo con *ante* que no posea por lo menos un sujeto explícito y que, por lo tanto, no permita una lectura intersubjetiva.

---

15   Esta diferencia es, de un modo general, de central importancia para el análisis de relaciones causales (cf. Sanders/Sanders/Sweetser 2009, 20–21).

3.2 El concepto de la volicionalidad

Al ubicar una relación causativa en la consciencia de un sujeto conceptuador, cabe preguntarse si la relación causativa, como un todo, o el evento causado, en particular, son concebidas como acciones intencionales del sujeto (cf. Sanders/Sweetser 2009b; Sanders/Sanders/Sweetser 2009). En esto radica la prioridad del concepto de la intersubjetividad frente al de la volicionalidad, que mencionábamos en la introducción de la sección 3.

Observemos los siguientes enunciados:

(20)
    a. La luz del piso de Juan está apagada, **así que** (yo) creo que ya no debe de estar en casa.

    b. Entonces eran grupos que estaban trabajando en sus distintas localidades y que **ante** el problema de las elecciones del ochenta y cinco decidieron formar una especie de federación de grupos (...).

En (20a) tenemos un ejemplo típico de relación causal epistémica (cf. Keller 1993; Huelva Unternbäumen 2005; Sanders/ Sanders/Sweetser 2009, 20–24). En ella, el sujeto constata un hecho (*La luz del piso de Juan está apagada*) que actúa como evidencia o premisa para realizar una determinada inferencia (*ya no debe de estar en casa*). Lo importante para nuestra argumentación es que nada fuerza al sujeto a observar la luz y considerarla una premisa para iniciar un proceso de inferencia. Ahora bien, una vez iniciado, la premisa fuerza al sujeto a llegar a una determinada conclusión. Es decir, el sujeto no decide si quiere o no concluir del hecho de que la luz está apagada que Juan ya no está en casa. Se trata, más bien, de algo que ocurre de forma automática, sin la posibilidad de una intervención volicional del sujeto. En síntesis, concluir algo de una evidencia es no es un acto volicional. El enlace causal es de responsabilidad del sujeto, es realizado en el sujeto, pero no es realizado volicionalmente.

Pasemos ahora a (20b). La primera observación importante reside en que el sintagma nominal introducido por *ante* expresa un evento que le sobreviene al sujeto, que le acaece y que lo fuerza a adoptar algún tipo de reacción. La reacción en sí, por el contrario, no es automática o inmediata, como en el caso de la causalidad epistémica, sino mediada normalmente por un proceso volicional de razonamiento por parte del sujeto: ante tal o cual evento o estado de cosas que le sobreviene al sujeto, éste juzga que es apropiado, necesario, obligatorio o incluso imprescindible ejecutar una cierta acción. En el caso concreto de (20b), ante *el problema de las elecciones* el *grupo* juzgó como oportuno *formar una especie de federación de grupos*. Repárese en el uso del verbo *decidir* que enfatiza el carácter volicional de la acción realizada por el sujeto (*grupos*).

La diferenciación entre estas dos dimensiones de la volicionalidad – a saber, relativa a la iniciación del evento causativo como un todo *versus* relativa al propio vínculo entre el evento causante y el causado – nos permite aplicar el concepto con más precisión.[16] De este modo, podemos concretar que, en el caso de *ante*, el análisis de la volicionalidad se ha de restringir a la relación entre el evento causante y el causado. Al ser ésta una relación mediada por el razonamiento del sujeto, es el propio sujeto el que conceptúa un mayor o menor grado de volicionalidad con respecto a la ejecución del evento causado.

Los datos de nuestro corpus muestran que el grado de volicionalidad relativa al evento causado puede ser representado en un continuum que se extiende entre un polo de máxima volicionalidad – que podemos parafrasear como *ante X el sujeto decidió hacer Y* – y un polo de mínima volicinalidad – parafraseable como *ante X al sujeto le sucedió Y*. Veamos, a continuación, algunos ejemplos.

(I) Ante X decidió hacer Y: repetimos aquí el ejemplo en (20), pues corresponde claramente a un caso de máxima volicionalidad.

(21)

(a) Entonces eran grupos que estaban trabajando en sus distintas localidades y que **ante** el problema de las elecciones del ochenta y cinco decidieron formar una especie de federación de grupos (…).

(b) De manera que, **ante** la eventualidad de que eso sea posible, quiero centrar la cuestión de privilegio de mi bloque en dos manifestaciones de dos señores senadores.

Repárese que en (21a) tenemos un ejemplo de intersubjetividad de una razón, según lo expuesto en la sección 3.1. Por lo tanto, quien evalúa el grado de volicionalidad no es SC_2, es decir, el sujeto que ejecuta la acción (*formar una especie de federación de grupos*), sino SC_1, que corresponde al autor del texto. Este atribuye a SC_2 un alto grado de volicionalidad con respecto a la ejecución de la acción, lo que queda de manifiesto notoriamente mediante el uso del verbo *decidieron*. Decidir supone formar juicio sobre algo y tomar consciente e intencionalmente una cierta determinación.

---

16   Otra observación importante, que corrobora la adecuación de esta diferenciación, nos la ofrece Shibatani (2002b, 14): "Spatiotemporal features interact with the agency of a cause because a volitional agent can execute a caused event spatiotemporal apart from the causing agent." En (19b), el surgimiento del problema y la decisión de *formar una especie de federación de grupos* pueden haber ocurrido en momentos y locales distintos. En (19a), por el contrario, la observación de la luz y la inferencia suceden de forma contigua.

En (21b), por el contrario, quien evalúa el grado de volicionalidad es el mismo sujeto que realiza la acción (SC_1 es igual a SC_2). Obsérvese que, así como en (21a), el sujeto verbaliza su evaluación del grado de volicionalidad de la acción a ser realizada, en este caso, mediante el uso del verbo modal *quiero*. Querer implica razonar sobre un hecho y constatar la posibilidad de decidirse voluntariamente por una determinada acción.

(II) <u>Ante X le sucedió Y</u>: el polo opuesto en el continuum lo constituyen casos en los que SC_1 concibe que el evento causado es algo que prácticamente le acaece a SC_2.

(22)
   a. En esa época tenía un año de fundado. Y me decidieron cambiar. Y yo creo que me hizo muy bien el cambio porque, digamos, yo encuentro que en la época de primaria yo fui como muy insegura, como como muy temerosa **ante** un montón de cosas.

   b. Ahí están sus porcentajes, realmente altos en el partido de hoy, pero ha fallado los dos tiros libres, se le ha escapado el balón a Mel Turping **ante** la presión ejercida sobre él por Johny Rogers.

En (22a) tenemos un ejemplo de intersubjetividad de una causa real en el propio sujeto, de acuerdo con nuestra clasificación en 3.1. $SC_2 = SC_1$ considera que el evento *fui como muy insegura, como como muy temerosa* es algo que le sucedió y no algo sobre lo cual ella hubiese podido decidir.

El enunciado en (22b) muestra la intersubjetividad de una causa real en sujetos diferentes. En él SC_1 considera que el evento *se le ha escapado el balón a Mel Turping* como algo que le acontece a SC_1 (*Mel Turping*).[17]

Junto a estos dos extremos, nuestros datos presentan algunos tipos bastante recurrentes de una volicionalidad de grado intermedio. Los más notables son descritos a continuación.

(III) <u>Ante X tuvo que hacer X</u>: en este caso, el sujeto conceptuador (SC_1 o SC_2, dependiendo del caso) considera que el evento causado es una acción que, ante las circunstancias dadas, necesariamente ha de ser realizada.

(23)
   a. Si bien éste es un fenómeno mundial, en otros países desarrollados no se produce de la forma como está sucediendo en el nuestro, porque aquí la gente no desarrolla el agro, sino que, **ante** la falta de oportunidades y condiciones, migra.

---

17   Obsérvese especialmente el efecto del uso del dativo "le".

b. Ese tipo de actitudes que fueron frecuentes hace algunos años en el colegio y **ante** las que hubo que tomar decisiones muy difíciles de tomar, como fueron la prohibición de que la gente se tomara copas en su habitación, etcétera.

c. Josu Jon Imaz, considera que la izquierda aberzale "no tendrá otro remedio" que respaldar el proyecto del lendakari **ante** "las múltiples presiones internas" que se estarían produciendo en su entorno.

En los tres enunciados de (23), SC_1 (los respectivos autores de los textos) atribuye a SC_2 un proceso de razonamiento, que tiene como resultado la constatación de la necesidad de ejecutar una determinada acción. En (23b y c), esta constatación es manifestada claramente mediante el uso, respectivamente, de la perífrasis modal *hubo que tomar* y de la expresión *no tendrá otro remedio*.

Como hemos señalado anteriormente, es importante tener en cuenta que, aunque lo constatado sea la necesidad del vínculo entre el evento causante y el causado, esta constatación es el resultado de un proceso volicional de razonamiento por parte de un sujeto y no una relación física de causa-efecto.

(IV) <u>Ante X hizo/sintió Y</u>: un grado de volicionalidad casi nulo es concebido por el sujeto cuando el evento causado es una reacción psicológica (afectiva, emocional), como en (24):

(24)

a. Un viajero menorquín, que se llamaba José María Cuadrado, que recorrió España en el siglo pasado, bajó Navacerrada y se quedó sorprendido **ante** lo que vio.

b. Anoche, por ejemplo, no dejaba de sorprenderme **ante** la casualidad de estar cenando con mis ex-compañeros de ex-curro dos semanas después de lo que ha pasado.

c. Semejante situación atormentó durante más de dos décadas a los físicos de la época, consternados **ante** su incapacidad de zanjar satisfactoriamente el problema.

El bajo grado de volicionalidad está relacionado, obviamente, con la naturaleza del evento causado, pues sentimientos, afectos o emociones no son concebidos como cosas que se sometan fácilmente a nuestra voluntad. Por otro lado, es importante hacer de nuevo hincapié en el hecho de que la relación causativa está mediada también aquí por el razonamiento de un sujeto.

Antes de finalizar esta sección, quisiéramos llamar la atención sobre dos aspectos que nos parecen esenciales para pensar el vínculo entre los fenómenos de la intersubjetividad y de la volicionalidad. En primer lugar, nuestro análisis ha demostrado que la mera presencia de un sujeto volicional no es, por sí sólo, una garantía suficiente para que el evento causado sea realizado con un alto grado de volicionalidad. En este punto, nuestros datos relativizan posiciones tradicionalmente defendidas en la literatura sobre la causación (cf. Shibatani 2002b, 11–14). De igual importancia se revela en nuestro análisis la naturaleza del evento causado. Así, por ejemplo, hemos podido constatar que cuando el evento causado es un sentimiento, una emoción o un afecto (y es expresado, correspondientemente, por verbos de afección o sentimiento), el grado de volicionalidad atribuible al sujeto es, obviamente, muy bajo.

En segundo lugar, el análisis que hemos desarrollado en esta sección nos permite concluir que la intersubjetividad de las relaciones causativas implica siempre un juicio sobre el grado de volicionalidad. Cuando SC_1 ve a SC_2 como el constructor de una relación causativa, SC_1 señala, irremediablemente, en qué medida concibe el evento causado como un fruto del razonamiento de SC_2, como algo que SC_2, ante las circunstancias dadas, considera que quiere, puede o tiene que hacer.

4. El nivel extrínseco de la causación con *ante*

Mientras que el nivel intrínseco de una relación causativa se refiere a nuestra conceptuación de la relación entre el sujeto y el evento causado, entendemos por nivel extrínseco nuestra conceptuación de la relación entre el sujeto y el evento causante. Analicemos, bajo la perspectiva de esta diferenciación, el enunciado en (2c), que repetimos a continuación en (25):

(25)
Cientos de iraquís huyen de Faluya **ante** el temor a un eminente asalto final.

La relación intrínseca en (25), entre el sujeto y el evento causado, está caracterizada por la mediación del razonamiento y la volicionalidad. El sujeto observa un determinado objeto de consciencia (su temor), reflexiona sobre él y decide que tiene que realizar una acción (huir). La extrínseca, entre el sujeto y el evento causante, no es una relación mediada, sino directa. El objeto de consciencia, una vez constituido, desencadena, automáticamente, un proceso de razonamiento y reflexión. Sin la percepción de su temor a un eminente asalto final, el sujeto, por sí mismo, no habría iniciado un proceso de razonamiento sobre qué actitud tomar.

Una observación importante, que corrobora la validez de esta diferenciación, reside en el hecho de que la variación del grado de volicionalidad de la relación intrínseca no repercute en la relación extrínseca, como se puede apreciar en los ejemplos en (26):

(26)
a. Entonces eran grupos que estaban trabajando en sus distintas localidades y que **ante** el problema de las elecciones del ochenta y cinco decidieron formar una especie de federación de grupos (…).

b. Anoche, por ejemplo, no dejaba de sorprenderme **ante** la casualidad de estar cenando con mis ex-compañeros de ex-curro dos semanas después de lo que ha pasado.

Como vimos en la sección 3.2, tenemos en (26a) una relación intrínseca con un alto grado de volicionalidad, mientras que en (26b) una relación con grado de volicinalidad relativamente bajo. A pesar de esta diferencia, la relación extrínseca es, en ambos casos, directa. Tanto en (26a) como en (26b), la percepción del respectivo objeto de consciencia (*el problema de las elecciones* y *la casualidad de estar cenando*) desencadena automática e inmediatamente una reacción metal en el sujeto (*decidieron formar una especie de federación de grupos* y *no dejaba de sorprenderme*, respectivamente).

Parece, pues, que la construcción [SN V_{ACC} ante SN_{ACC}] nos permite graduar la volicionalidad de la relación intrínseca, pero no de la extrínseca. Esto supone que, cuando el hablante opta por esta construcción, expresa que un determinado objeto de consciencia (un estado de cosas, un evento, un sentimiento, etc.) 'fuerza' al sujeto a iniciar una actividad mental (normalmente, un proceso de razonamiento).

Para caracterizar de una forma más detallada la relación extrínseca, recurrimos al modelo de dinámica de fuerzas de Talmy (1988, 2000, 409–459). En esencia, el modelo propuesto por Talmy parte de una oposición entre dos entidades, una que ejerce una fuerza (Agonista) y otra, una contrafuerza (Antagonista), que se corresponden con lo que tradicionalmente se conoce por causado y causante en los estudios sobre la gramática de la causación. Este modelo abarca, además, un sistema de patrones de dinámica de fuerzas con las cuatro dimensiones siguientes:

(1)   La tendencia intrínseca del Agonista hacia el movimiento o la acción *versus* el reposo o la inacción.

(2)   Cambio en el tiempo *versus* permanencia, es decir, la oposición de fuerzas puede ser mutable (con inicio y cese de la influencia) o estable (con la continuación o no de la influencia).

(3)   Influencia (causar) *versus* no influencia (dejar), es decir, el estado final del Agonista es el opuesto al de su tendencia intrínseca en 'causar', mientras que es el mismo en 'dejar'.

(4)   Entidad con mayor fuerza: Antagonista *versus* Agonista.

Las diferencias fundamentales entre los causativos prototípicos de la lengua española *hacer* y *mantener*, por un lado, y *dejar*, por otro, pueden elucidarse con ayuda del modelo de dinámica de fuerzas propuesto por Talmy (Soares da Silva (2004, 583–587; Huelva Unternbäumen 2010, 150–155). Mediante el uso de *hacer* o *mantener*, el Antagonista aplica una fuerza contra la tendencia intrínseca del Agonista, mientras que con *dejar* el Antagonista se abstiene o deja de ejercer una fuerza que se opone a la tendencia intrínseca del Agonista. En el caso de *hacer* y *mantener*, la dinámica de fuerzas crea una situación opuesta a la tendencia intrínseca del Agonista, mientras que en el caso de *dejar* no altera la tendencia intrínseca del Agonista. Estos serían algunos ejemplos:[18]

(27)
    a. El médico **hizo** entrar al paciente.

    b. Los niños **hicieron** caer la maceta.

    c. El médico **dejó** salir al paciente.

    d. Los niños **dejaron** caer la maceta.

En (27a y b) la tendencia intrínseca del *paciente* y de la *maceta* es permanecer en el lugar o estado en el que se hallaban, pero su estado resultante es el movimiento y el cambio a causa de la intervención del Antagonista. Por el contrario, en (27c y d) la tendencia intrínseca de estas mismas entidades es el movimiento o cambio, que es lo que experimentan puesto que el Antagonista no actúa como contrafuerza.

Veamos ahora la pareja *mantener/dejar* (este último en su sentido pasivo de no intervenir):

(28)
    a. El Banco Central **mantuvo** la tasa Selic en el actual nivel.

    b. Condenan a dos hermanos que **mantuvieron** secuestrado a un joven en un motel.

    c. El Banco Central **dejó** la tasa Selic en el nivel actual.

    d. La policía de fronteras **dejó** entrar a Haider.

Aquí, tanto en los ejemplos con el verbo *mantener* como en aquellos con *dejar* la oposición de fuerzas es estable. El Antagonista no adquiere ni abandona su condición de contrafuerza, sino que persiste en esta condición, en el sentido de que su fuerza es continuamente ejercida en (28a y b) y continuamente no ejercida en (28c y d). La diferencia entre ambos verbos reside, como en el caso de la pareja *hacer/dejar* (activo), en el estado resultante de la acción y su relación con la tendencia intrínseca del Agonista. En (28a y b) el Agonista tiende al movimiento o cambio y, sin embargo, el resultado final es el reposo o ausencia de cambio, ya que el Antagonista actúa y se impone como contrafuerza. Concretamente, en (28a) *la tasa Selic* tiende a aumentar (o la expectativa general es de aumento) y mediante la intervención del Antagonista (Banco Central) permanece donde está; en (28b) la tendencia intrínseca del Agonista (*un joven*) es la del movimiento que se ve impedido por la intervención del Antagonista (*dos hermanos*). Por el contrario, en

_____

18   Los ejemplos proceden de Huelva Unternbäumen (2010, 150–155).

los ejemplos con el verbo *dejar* el estado resultante de la interacción de fuerzas refleja la tendencia intrínseca del Agonista. Así, en (28c) *la tasa Selic* tiende a permanecer en el nivel donde está y así continúa, y en (28d) la tendencia de Haider es entrar en el país y entra en él.

En conjunto, podemos afirmar que *hacer* y *mantener* denotan una causación más directa, mientras que *dejar* expresa una causación más indirecta o, como apunta Soares de Silva (2004, 585), una causación negativa, en el sentido de que el Antagonista no ejerce (o deja de ejercer) una fuerza que impida al Agonista mantener su disposición natural.

De entre los diferentes patrones prototípicos de causación que acabamos de describir, la causación analítica expresada por la construcción [SN V_{ACC} ante SN_{ACC}] se aproxima más al patrón de dinámica de fuerzas perfilado por el verbo *hacer*, aunque también son constatables algunas diferencias importantes. La comparación en (29) nos ayudará a sustentar y concretizar esta tesis:

(29)

    a. Pedro **hizo** comer las habas a los niños.

    b. Ana **dejó** morir al perro.

    c. Mediante insinuaciones y medias palabras, Mario Conde le **da** a entender que De la Rosa no está bien.

    d. Entonces eran grupos que estaban trabajando en sus distintas localidades y que **ante** el problema de las elecciones del ochenta y cinco decidieron formar una especie de federación de grupos (...).

Comparemos primero (29d) con (29a). En ambos casos, la acción realizada por el sujeto del evento causado (*los niños* y *grupos*, respectivamente) no se hubiese llevado a cabo sin la intervención del evento causante. Tanto en un caso como en el otro, el estado resultante es el movimiento y el cambio a causa de la intervención del Antagomista. Ahora bien, con relación a (29a) podemos afirmar que la tendencia intrínseca del Agonista es la inacción, esto es, no comer las habas. En (29d), por el contrario, sería equivocado argumentar que la tendencia intrínseca de los miembros del grupo (o del ser humano, en general) es no razonar y que, por lo tanto, tan solo razonamos cuando un Antagonista interviene.

Comparemos ahora (29d) con (29b) y (29c). Con respecto a (29b), no podemos afirmar que la tendencia intrínseca de fuerza del Agonista (*perro*) sea morir. Sin embargo, podemos considerar que la disposición natural de un perro no cuidado o mal cuidado implica su enfermedad y, en última instancia, su muerte. Del mismo modo, no podemos sugerir que la tendencia intrínseca de fuerza del Agonista en (29c) sea entender. Por otro lado, no obstante, es difícil negar que esta acción constituya un aspecto típico de la disposición natural del Agonista como ser humano. En estos dos casos, la acción del Antagonista, más que causar, permite que se realice la disposición natural del Agonista, sin que éste último haya tenido que ejercer una fuerza para imponerse. El Antagonista, crea, por así decirlo, las condiciones necesarias para que estas acciones naturales se lleven acabo (cf. Huelva Unternbäumen 2010, 154–155). A la misma conclusión hemos de llegar si analizamos la acción del Agonista en (29d): razonar y decidir son acciones que pertenecen, sin duda alguna, a la disposición natural del ser humano.

Si llevamos en cuenta el resultado de estas dos comparaciones en conjunto, podemos proponer el siguiente patrón de fuerzas como prototípico de la relación extrínseca expresada por la construcción [SN V_{ACC} ante SN_{ACC}]:

(1) El Agonista no exhibe una tendencia intrínseca ni a la acción ni a la inacción, sino más bien una disposición a la realización de una acción (razonar) que por naturaleza le es propia.

(2) La oposición de fuerzas es, en principio, mutable (con inicio y cese de la influencia).

(3) La interacción de fuerzas se caracteriza por el hecho de que el Antagonista desencadena en el Agonista la realización de una acción (razonar) que constituye un aspecto de su disposición natural. El proceso de razonamiento desencadenado tiene, además, un foco concreto (un problema, un sentimiento, una circunstancia determinada, etc.) impuesto por el Antagonista.

(4) Aunque de una forma un poco más sutil que con *hacer*, por ejemplo, también en las construcciones con *ante* podemos considerar al Antagonista como la entidad más fuerte, puesto que es él, en última instancia, el responsable de que el Agonista de inicio a un proceso de razonamiento.

En suma, cuando el SC_1 opta por la utilización de la construcción causativa con *ante*, concibe (y expresa) que SC_2 posee un determinado objeto de consciencia que lo fuerza a iniciar un proceso de razonamiento.

Con ello, debemos postular dos niveles de intersubjetividad con respecto a la utilización de la construcción [SN V_{ACC} ante SN_{ACC}]. El primero, al que hemos denominado nivel extrínseco, hace referencia a cómo SC_1 conceptúa la relación entre SC_2 y el evento causante. El segundo, al que hemos dado el nombre de nivel intrínseco, se manifiesta en la manera cómo SC_1 concibe la relación entre SC_2 y el evento causado. Como hemos visto, el primero de estos dos niveles no permite una graduación de la volicionalidad, mientras que el segundo sí que lo permite.

5. Consideraciones finales

En este capítulo hemos analizado la estructura semántica de la construcción causativa [SN V_{ACC} ante SN_{ACC}], contribuyendo así a un estudio más pormenorizado de la causación analítica de la lengua española.

La adecuada caracterización de esta estructura ha reclamado la diferenciación de dos niveles descriptivos con características semánticas sui generis, a saber, el nivel intrínseco y el extrínseco. El primero está configurado por la relación entre el evento causado y su sujeto y se caracteriza por el hecho de que el evento causado se nos presenta como el fruto de un proceso de razonamiento del sujeto y no como algo que emana directamente del evento causante. En este sentido, la causación expresada por la construcción con *ante* posee un carácter indirecto. El nivel extrínseco, por su parte, corresponde a la relación entre el sujeto del evento causado y el evento causante y puede ser considerada una relación directa, puesto que el evento causante desencadena en el sujeto la realización de una acción (razonar) que, si bien constituye un aspecto de su disposición natural, no la llevaría a cabo, sino fuese por la intervención del evento causante.

Un resultado central de esta investigación es la constatación de la importancia que posee el concepto de la intersubjetividad para entender adecuadamente la semántica de la causación y, de un modo más general, el uso actual de la preposición *ante* en la lengua española.

La causación expresada por medio de esta preposición engloba siempre una relación entre dos o más sujetos conceptuadores y, especialmente, la capacidad esencial de cambiar de lugar, la capacidad que tiene el Yo de adoptar el lugar del Otro y de conceptuar el mundo desde la perspectiva que el Yo tendría si estuviese en el lugar del Otro. La intersubjetividad, definida desde esta perspectiva fenomenológica, constituye la condición fundamental para la posibilidad de concebir a otro ser como un sujeto conceptuador capaz de percibir dos objetos de consciencia y establecer una relación de causa-efecto entre ellos, así como de ejecutar acciones volicionales.

Para finalizar, debemos resaltar que el conjunto de aspectos semánticos constatados hacen de la construcción [SN V_{ACC} ante SN_{ACC}] una forma específica de expresar la categoría semántica de la causación en la lengua española, que se diferencia y, por lo tanto, complementa los recursos que carácter analítico prototípicos que existen en esta lengua.

Capítulo 4: La intersubjetividad en la semántica de algunos marcadores de evidencia

En este capítulo analizamos la semántica de los siguientes marcadores de evidencia de la lengua española: *claro, desde luego, naturalmente* y *por supuesto.* Fundamentándonos en el análisis de enunciados reales, intentamos demostrar que la estructura semántica de dichos marcadores contiene una serie de instrucciones para especificar el sentido del enunciado en que son utilizados con respecto a un elemento central de la base de conceptuación (*Ground*), a saber, la intersubjetividad. Argüimos, además, que los efectos de sentido que estos elementos producen en la conexión entre enunciados (los llamados efectos argumentativos) resultan de la esta función especificadora.

1. Introducción

No es, de forma alguna, exagerado afirmar que el concepto de la intersubjetividad es uno de los que más intensamente ha marcado el desarrollo de la filosofía y de las ciencias humanas y hermenéuticas en las últimas décadas. En las ciencias lingüísticas su acogida fue también bastante temprana, concomitante prácticamente con el surgimiento de las disciplinas dedicadas al estudio de la conversación, del diálogo o del discurso. En el seno de estas disciplinas, la intersubjetividad designa, en general, el conocimiento compartido por los interactantes (*shared knowledge*), y esto en un doble sentido (cf. v.gr. Schegloff 2006): (i) el conocimiento compartido al que, por lo menos parcialmente, se puede llegar mediante los procesos de negociación de sentido que se llevan a cabo en la comunicación o (ii) como aquel conocimiento contextual y cotextual que se presupone como dado y compartido, en un momento determinado del proceso comunicativo, y que constituye el punto de partida y el horizonte interpretativo mutuo para la prosecución de la actividad comunicativa. Común a ambas perspectivas es la idea de la intersubjetividad como producto o efecto de la comunicación: producto al que se ha llegado gracias a procesos comunicativos pasados o al que se pretende llegar a través del que está actualmente en marcha.

Más recientemente, algunos autores han empezado a reconocer que la intersubjetividad posee además una relevancia gramatical, esto es, que representa una categoría conceptual codificable y codificada por elementos o construcciones gramaticales (Verhagen 2005; 2008; Huelva-Unternbäumen en prensa).[19] Las consecuencias teóricas y metodológicas de esta constatación son enormes, así como – me atrevería incluso a decir – los desafíos que conlleva para la investigación lingüística.

Una de ellas, tal vez la más importante, repercute directamente en la propia definición del concepto de la intersubjetividad. Pues, como concepto codificado gramaticalmente, la intersubjetividad no puede ser concebida como el producto o efecto de un proceso comunicativo actual. No solemos comunicarnos para ponernos de acuerdo sobre el contenido semántico de los elementos o las construcciones gramaticales de nuestra lengua, a no ser que seamos lingüistas y lo hagamos *ex oficio*.

En el presente trabajo pretendemos asumir ese desafío y proponer una definición de la intersubjetividad como categoría codificada por la gramática. En ello reside el primer objetivo de esta investigación. Para alcanzarlo, será necesario, en primer lugar, asentar los fundamentos conceptuales generales que nos permitan concebir la intersubjetividad como una categoría central de nuestro sistema lingüístico y, como tal, como un prerrequisito para la comunicación, en vez de como un producto inmediato de la misma. Esta fundamentación general la llevaremos a cabo recurriendo, especialmente, a la noción fenomenológica de la intersubjetividad, tal y como la propuso, originalmente, Edmun Husserl.

Hecho esto, estaremos en condiciones de plantearnos, en segundo lugar, la pregunta más concreta acerca de cómo la gramática codifica esta categoría. Responder esta pregunta supone, por una parte, caracterizar la intersubjetividad en comparación con otras categorías codificadas gramaticalmente. Como veremos, las características que constituyen su especificidad como categoría codificada por la gramática nos dan margen para considerar que se trata de un tipo particular (y esencial) de lo que en la Lingüística Cognitiva se denomina *Grounding* (Langacker 1987: 126–129; 2008: 259–309). Por otra parte, la respuesta a la pregunta planteada significa, obviamente, también identificar elementos gramaticales cuya función resida justamente en codificar esta categoría.

---

19   Valgan aquí como ejemplos representativos los siguientes trabajos: Verhagen (2005) analiza la codificación de la intersubjetividad por partículas de negación, oraciones subordinadas sustantivas, y conjunciones (conectores) causales y consecutivas de diversas lenguas; Sanders/Sweetser (2009) muestran cómo la intersubjetividad es imprescindible para caracterizar la semántica (y la pragmática) de algunos conectores causales en holandés; Huelva-Unternbäumen (en prensa) constata que la intersubjetividad es un aspecto constitutivo de la semántica de la preposición *ante* en sus diferentes usos causales.

El segundo objetivo que nos proponemos es demostrar que los marcadores de evidencia (*claro, desde luego, naturalmente, por supuesto*, etc.) son elementos que desempeñan esta función. Tradicionalmente, los marcadores de este tipo han sido estudiados principalmente con relación a su contribución a la organización de la estructura argumentativa de un texto oral o escrito (cf. v. gr. Fuentes 1993a; 1993b; Martín/ Portolés 1999: 4148–4158). En el presente trabajo defenderemos la tesis de que los marcadores de evidencia son también indicadores de intersubjetividad. Intentaremos demostrar, además, que su función como indicadores de intersubjetividad es, hasta cierto punto, prioritaria frente a las que ejercen en el plano de la argumentatividad. Dicho de un modo más concreto: el efecto de sentido que produce un determinado marcador de evidencia en la estructura argumentativa reposa sobre una configuración de intersubjetividad que el hablante y el oyente crean a partir de las instrucciones conceptuales codificadas por el propio marcador. Veamos, para ilustrar y concretar un poco más esta tesis, algunos ejemplos con el marcador *naturalmente*:

(1) *En TVE se optó, entonces, por otra fórmula: una serie de periodistas, en su mayoría ajenos a la plantilla de RTVE, entrevistarían por separado a los candidatos. El programa estrella fue, **naturalmente**, el que tuvo como protagonista a Felipe González.*[20]

Naturalmente actúa como un reforzador de la aserción del fragmento en que se utiliza (Martín/Portolés 1999: 4154–4155). Este efecto de sentido se debe a que el marcador convoca un determinado conocimiento contextual, lo presenta como intersubjetivamente (o incluso, en algunos casos, como universalmente) válido y establece una conexión de consecuencia 'natural' entre dicho conocimiento contextual y la aserción del fragmento en que aparece. En el ejemplo que nos ocupa, el hablante refuerza la validez de la aserción *el programa estrella fue el que tuvo como protagonista a Felipe González* conectándola con el hecho de que Felipe González es, 'como se sabe', el candidato más popular, que levanta mayores expectativas, etc.

Son varios los efectos argumentativos y discursivos que reposan sobre la validez intersubjetiva activada mediante el uso de *naturalmente*. Uno de los más habituales se manifiesta en la respuesta a preguntas absolutas:

(2)
   Cuando me introducen al calabozo-ventana, me preguntan:

   – ¿Prefiere usted seguir en esta celda solo, o que lo reunamos con sus compañeros?

   *– Deseo estar con mis compañeros, **naturalmente**.*

   – Bueno, entonces vamos para allá -me responde el jefe de los guardias.

---

20   Los enunciados analizados en el presente trabajo pertenecen al CREA (www.rae.es).

Estar con los compañeros se presenta como algo universalmente preferible, como la opción que pertenece al sentido común, privándole a la alternativa, consecuentemente, de cualquier posibilidad de ser lleva en cuenta como algo realizable bajo las circunstancias dadas.

El marcador *naturalmente* se emplea, a menudo, también, con carácter profiláctico como bloqueador o inhibidor de una posible objeción del interlocutor (cf. v.gr. Martín/Portolés 1999: 4154–4155).

(3)
  Potencialmente, todo ser es infinito y eterno o, en otros términos, todo ser es, en esencia, el propio Absoluto. Naturalmente, eso no significa que haya tantos absolutos como seres, lo que sería absurdo.

En estos casos, el hablante se anticipa a una posible reacción de su interlocutor y confirma de ante mano lo que, según su apreciación, podría ser proferido como una objeción. En (3) con *naturalmente* el hablante inhibe la posible objeción *Pero eso no significa que haya tantos absolutos como seres, lo que sería absurdo*.

La configuración de intersubjetividad sobre la que reposa este efecto de sentido es bastante compleja. Constitutivo de esta configuración es, primeramente, la capacidad de ponerse en el lugar del otro y de imaginar cómo el otro interpreta mi propio discurso. Estos es, el *Yo* es capaz de proferir el discurso, interpretarlo desde su propia perspectiva y, al mismo tiempo, desde la perspectiva del *Otro*, de su interlocutor. En términos más generales: la construcción de sentido en el propio sujeto ya es intersubjetiva. Esta capacidad es indispensable para poder calcular una posible objeción por parte del interlocutor y anticiparse a ella. En segundo lugar, el hablante inhibe la posible objeción profiriendo una aserción, cuyo contenido se presenta, mediante el uso de *naturalmente*, como algo intersubjetivamente válido: tanto para mí como para ti, como para cualquier otro sería absurdo pensar que haya tantos absolutos como seres.

Ateniéndonos a lo expuesto, el itinerario que seguiremos en las próximas páginas es el siguiente: en la próxima sección presentaremos brevemente los aspectos esenciales de la noción fenomenológica de la intersubjetividad; posteriormente, en la sección 3, propondremos una definición de la intersubjetividad como categoría codificada por la gramática; la sección 4 la dedicaremos a analizar las diferentes configuraciones de intersubjetividad codificadas y convocadas por algunos marcadores de evidencia, así como a explicitar la relación entre estas configuraciones y los efectos argumentativos de los mismos. El trabajo finaliza con una reflexión general sobre la relación entre la intersubjetividad y la argumentatividad.

2. El concepto de la intersubjetividad

Retomemos nuestra reflexión sobre el concepto de la intersubjetividad. Como dijimos, este concepto no es algo nuevo en la lingüística. Relativamente nuevo es, no obstante, el reconocimiento de que está codificado gramaticalmente, es decir, que forma parte del contenido semántico de muchos elementos y construcciones gramaticales (cf. v.gr., Sanders/Sweetser 2009; Sanders/Sanders/Sweetser 2009; Verhagen 2005).

Hemos mencionado, también, que la definición del concepto no es uniforme, sino que oscila, de un modo general, entre dos grandes tendencias (cf. Duranti 2010). Por una parte, se entiende como conocimiento compartido entre dos o más sujetos. En este sentido, la intersubjetividad es un resultado de nuestras prácticas comunicativas (o mejor dicho: al cual podemos llegar a través de ellas). Esta lectura del concepto es hoy en día seguramente la dominante en amplios sectores de la lingüística y de otras ciencias humanas y sociales, especialmente en las disciplinas que tienen como objeto de estudio la conversación, el diálogo o el discurso (cf. Duranti 2010, 4–6).

Esta noción de intersubjetividad no es, sin embargo, a nuestro juicio, la más adecuada para caracterizar la gramática, por un motivo bastante obvio: si concebimos la intersubjetividad como el conocimiento compartido que resulta de nuestras prácticas comunicativas actuales, no podemos, al mismo tiempo, considerarla como un prerrequisito para ellas (cf. Duranti 2010, 9). Y la existencia de una gramática lo es. Por esta razón, optamos en el presente trabajo por una definición fenomenológica del concepto de intersubjetividad, la segunda tendencia a la que hacíamos mención.

En la Fenomenología y, especialmente, en Husserl,[21] la intersubjetividad es la cualidad esencial de la existencia del ser humano, constitutiva tanto del propio sujeto como de la noción de un mundo objetivo.

Para explicar cómo se constituye la intersubjetividad en el propio sujeto (y no en la comunicación, pues es una condición para su posibilidad), Husserl sitúa en el centro de su reflexión filosófica la esfera primordial del Yo. Esta esfera, caracterizada por la consciencia del propio cuerpo (entendido como *Leib*, es decir, como cuerpo vivo y vivido por mí), representa la esfera de lo mío propio y todo lo que la traspasa algo extraño al Yo. A partir de ahí, Husserl intenta, en varios pasos, describir cómo se crea, en el sujeto, la referencia a todo lo que es extraño al Yo, al "no-yo" (a lo "no-egóico", *"das Ich-Fremde"*). En un primer paso, percibo

---

21   Para la exposición del concepto de intersubjetividad en Husserl hemos tomado como texto base Husserl (2002).

la presencia de otro cuerpo que se parece al mío. Esta semejanza me lleva a una asociación por emparejamiento (*"Paarungsassoziation"*) entre mi cuerpo y el otro cuerpo percibido, lo que a su vez me motiva a atribuirle al cuerpo percibido la cualidad de cuerpo vivo (*"Leib"*), así como la posesión de una consciencia sobre su cuerpo vivo (*"Leibbewußtsein"*), a imagen y semejanza de mí mismo. Y, finalmente, considero que este proceso de asociación por emparejamiento es recíproco, es decir, atribuyo al otro la facultad de hacer lo mismo al percibir mi cuerpo:

> *„Leicht verständlich ist auch die Art, wie eine solche Fremdappräsentation im beständigen Fortgang der wirksamen Assoziation immer neue appräsentative Gehalte liefert (...). Den ersten bestimmten Gehalt muß offenbar das Verstehen der Leiblichkeit des Anderen und seines spezifisch leiblichen Gehaltens bilden: das Verstehen der Glieder als tastend oder auch stoßend fungierende Hände, als gehend fungierende Füße, als sehend fungierende Augen usw (...). In weiterer Folge kommt es begreiflicherweise zur Einfühlung von bestimmten Gehalten der höheren psychischen Sphäre. Auch sie indizieren sich leiblich und im außenweltlichen Gehaben der Leiblichkeit, z.B. als äußeres Gehaben des Zornigen, des Fröhlichen, etc. – wohl verständlich con meinem eigenen Gehaben her unter ähnlichen Umständen. "* (Husserl 2002, 198–199).

En síntesis, la intersubjetividad en Husserl hace referencia a la capacidad esencial del sujeto de ponerse en el lugar del otro, de cambiar de lugar (*"Platzwechseln"*). Al hacerlo, extiendo al otro mis características y capacidades. Entre ellas se encuentran todas las competencias psicológicas y cognitivas superiores: el raciocinio lógico, el establecimiento de relaciones causales entre entidades percibidas, etc.

Dicha capacidad constituye una condición para la posibilidad del uso del lenguaje, y esto en un doble sentido. Por un lado, desde una perspectiva evolutiva (tanto filo- como ontogenéticamente), el desarrollo del lenguaje, como un sistema simbólico convencional, presupone el dominio de lo que se denomina un conocimiento de tercer orden, esto es, *yo sé que tú sabes que yo sé* (cf. Zlatev 2008: 232–237; Itkonen 2008: 288–290). Esto, por su vez, significa reconocer al Otro como agente mental, dotado de las mismas capacidades que yo poseo (incluso de la capacidad de reconocer lo mismo en mí).

Por otro lado – y este es el aspecto que más nos interesa en el presente trabajo –, la intersubjetividad es un elemento constitutivo esencial de la base sobre la que erguimos nuestra conceptuación lingüística del mundo. Esto significa que la conceptuación del mundo mediante el lenguaje no se lleva a cabo por un sujeto aislado, nomádico, sino desde la perspectiva de un sujeto trascendente que incluye, como algo esencial en su visión y experiencia del mundo, siempre ya la presencia de la perspectiva del Otro. En resumidas cuentas: el sujeto conceptuador es, en sí mismo, siempre ya un sujeto diádico.

De ello se desprende, necesariamente, que la intersubjetividad forma parte de la estructura semántica del lenguaje, en general, y de la gramática, en particular. Esto no significa, no obstante, que su presencia e importancia sean siempre fácilmente identificables, puesto que, en muchos casos, la intersubjetividad no es nombrada directamente y permanece, más bien, como un elemento implícito de la conceptuación. Es lo que ocurre, por ejemplo, con los conceptos de tiempo y espacio codificados por la gramática. Cuando, al proferir un enunciado como *Vi a Juan*, ubico temporalmente el evento nombrado con relación al momento presente, el momento presente en cuestión no me pertenece exclusivamente a mí, sino que incluyo, tácitamente, en él también a mi interlocutor. La temporalidad generada, es por tanto, diádica, intersubjetiva y no nomádica, aunque no haya ningún elemento lingüístico que explicite esta cualidad. Lo mismo sucede, para dar otro ejemplo, con el uso de los demostrativos. Cuando utilizo *este*, no sitúo un objeto en el espacio tan sólo con respecto a mi posición, sino que, al mismo tiempo, incluyo, tácitamente, también la posición del otro. Así, el enunciado *Este libro* puede ser usado cuando tanto yo como mi interlocutor estamos, al mismo tiempo, cerca del libro o cuando yo estoy cerca y mi interlocutor más alejado y, por el contrario, nunca podrá ser usado cuando sólo mi interlocutor está cerca del libro. En cualquier caso, de un modo u otro, mi interlocutor nunca deja de ser parte constitutiva de la escena.[22]

Existen, por el contrario, muchas otras construcciones gramaticales que evocan la intersubjetividad de una forma más explícita, presentándola, claramente, como una faceta integrante de la estructura conceptual que codifican:

(4)

   a. *Yo sé muy bien lo que tú piensas al respecto.*

   b. *Se trata de un niño que observa cómo dos viejos vecinos juegan ajedrez en un callejón. El pequeño se obsesiona con la situación y llega a identificarse con uno de los peones al que le falta un pedazo. **Tanto así que** decide robarlo para protegerlo.*

El predicado de pensamiento (*sé*) y su complemento oracional (*que tú piensas*) evocan en (4a) explícitamente una determinada configuración de intersubjetividad, en la que el hablante concibe a su interlocutor como sujeto mental que piensa algo respecto de algo. De forma análoga, en (4b), el nexo concesivo *Tanto así que* y el predicado *decide* indican que el hablante conceptúa al oyente como un ente capaz de razonar sobre una dada situación y actuar intencionalmente. En ambos

---

22   Sobre el carácter diádico de los conceptos temporales y espaciales, véase Weinrich (1988: 82–83).

casos, las respectivas configuraciones de intersubjetividad constituyen un aspecto focalizado de la semántica de dichas construcciones y elementos gramaticales. Como señala Zlatev (2008: 236), para que enunciados como en (4) tengan sentido, hemos de ser capaces de pensar la intersubjetividad que codifican.

Como ya mencionamos, los marcadores de evidencia pertenecen, en cuanto al grado de explicitación de la intersubjetividad, a este segundo grupo. Antes de proceder al análisis de las diferentes configuraciones de intersubjetividad que evocan, intentaremos, en la próxima sección, consolidar un poco más los fundamentos teóricos que nos permiten considerar la intersubjetividad como una categoría semántica codificada gramaticalmente. Para ello, recurriremos a las nociones de *Ground* y *Grounding*, desarrolladas en el seno de la Gramática Cognitiva.

3. La intersubjetividad y el anclaje conceptual

Como es sabido, el término 'base conceptual' (*Ground*) designa, en la Lingüística Cognitiva, el *locus* de la conceptualización, esto es, el lugar desde el cual experimentamos el mundo y construimos nuestras categorías conceptuales, especialmente aquellas codificadas por el lenguaje. A él pertenecen el evento comunicativo, sus participantes (hablante y oyente), la interacción que se establece entre ellos, así como las circunstancias concretas en las que se realiza el evento (particularmente, su contexto espacio-temporal) (cf. Langacker 1987: 126–128; 2008: 259–264).

Por 'anclaje' (Grounding) se entiende, por su parte, el proceso epistémico que tiene como efecto la especificación del significado de los elementos lingüísticos que usamos en un enunciado con relación a la base conceptual. Así, por ejemplo, mientras que el sustantivo *libro* denota un tipo de cosas de las que existen muchas instancias posibles, el grupo nominal *este libro* designa un ejemplar, es decir, un libro determinado identificado por el hablante y el oyente en una situación particular. Los elementos lingüísticos que desempeñan la función de anclaje reciben el nombre de 'elementos o predicaciones de anclaje'. Los más comunes son los artículos, los demostrativos y los cuantificadores, para el anclaje nominal (cf. v.gr. Langacker 2008: 273–296) y los morfemas de tiempo, modo, persona, etc., en el caso del anclaje verbal (cf. v.gr. Langacker 2008: 296–309).

Un aspecto constitutivo esencial de la base es su intersubjetividad. En ella, tanto el hablante como el oyente actúan siempre como sujetos conceptuadores, en un proceso constante de atención recíproca (Langacker 2008: 262). Toda conceptuación durante un evento comunicativo lleva en cuenta la presencia y la perspectiva del otro. Esto es, no se dirige tan sólo al otro, sino que parte también de la presencia y la perspectiva del otro, como elementos fundamentales de su génesis.

En el presente trabajo defendemos la tesis de que ciertos elementos y construcciones lingüísticas funcionan como predicaciones de anclaje que relacionan el evento comunicativo directamente con la intersubjetividad de la base. Entre ellas se encuentran, como lo vimos arriba en (4), predicados de pensamiento y complementos oracionales, nexos causales y consecutivos y, en particular también, marcadores de evidencia.

En su calidad de predicaciones de anclaje, los marcadores de evidencia activan un cierto aspecto constitutivo de la intersubjetividad de la base, y 'anclan' al mismo el contenido del enunciado al que se refieren. En algunos casos, el aspecto activado es la propia percepción inmediata de los interlocutores:

(5)
   A: – ¡El blog ha quedado divino! ¡La plantilla es guapísima.

   B: – **Desde luego**. Sobre todo me gusta el detallito del corazón en lugar de la 'b'.

Con el uso de *desde luego*, el interlocutor B señala que existe intersubjetividad perceptiva con respecto al contenido de los enunciados proferidos por A (efecto de sentido que podemos parafrasear como sigue: 'lo que tú dices que ves, lo veo yo del mismo modo'). Repárese que B prosigue el evento comunicativo con un enunciado que se refiere a un elemento directamente perceptible (*el corazón*).

En otros casos, en cambio, el aspecto constitutivo de la intersubjetividad de la base, convocado por el marcador, tiene un carácter puramente epistémico. Es lo que ocurre, como vimos arriba, con *naturalmente*:

(6)
   Cuando me introducen al calabozo-ventana, me preguntan:

   A: – ¿Prefiere usted seguir en esta celda solo, o que lo reunamos con sus compañeros?

   B: – Deseo estar con mis compañeros, **naturalmente**.

   A: – Bueno, entonces vamos para allá -me responde el jefe de los guardias.

En (6) (ejemplo repetido de (2)), B ancla su enunciado al ámbito del conocimiento común – o incluso, universal – que se tiene sobre las cosas, indicando, así, que es también un conocimiento compartido por su interlocutor ('yo sé que tú en mi lugar también considerarías natural desear estar con tus compañeros').

Dependiendo del aspecto concreto de la intersubjetividad de la base, activado por un determinado marcador, tendremos diferentes configuraciones de intersubjetividad. De ellas nos ocuparemos de una forma más sistemática en la próxima sección.

4. Marcadores de evidencia y configuraciones de intersubjetividad

Básicamente, los marcadores *claro, desde luego, naturalmente y por supuesto* producen tres tipos distintos de anclaje de intersubjetividad: (i) el anclaje perceptivo, (ii) el anclaje contextual (o discursivo) y, finalmente, (iii) el anclaje epistémico. No existe una correlación estricta entre estos diferentes tipos de anclaje y los marcadores citados, pero sí algunas tendencias notables que vamos ir describiendo a continuación.

Como hemos visto, el anclaje perceptivo se lleva a cabo cuando el hablante incorpora el contenido de un enunciado al ámbito de la percepción común. Es el efecto de sentido más común del marcador *desde luego*. Veamos algunos ejemplos.

(7)
> A: – *En este piso nunca da el sol.*

> B: – ***Desde luego***, *¡hace un frío insoportable!*

En (7), así como más arriba en (5), el hablante B ancla el contenido del enunciado proferido por su interlocutor (*En este piso nunca da el sol*) al ámbito de la percepción común. Obsérvese que en los dos casos mencionados el contenido anclado corresponde a un objeto o estado de cosas perceptible o experimentable desde el centro deíctico actual y que, por lo tanto, puede ser observado al mismo tiempo por los dos interlocutores.

En otros casos, por el contrario, *desde luego* se refiere a algo que solamente ha sido vivenciado por el hablante:

(8)
> (a) *Pese a todo, este invento no es la panacea: el propio fabricante no garantiza que la cama acabe con los ronquidos, al igual que no lo hacen los numerosos métodos hasta ahora desarrollados, desde medicamentos hasta el tradicional chasquido de la lengua que acalla por unos instantes los "suspiros guturales". "Pero, **desde luego**, mejora", aseguró la investigadora del sueño Carina Blomberg.*

> (b) *Sabemos que el proceso de maduración depende, **desde luego**, de la actividad del cerebro, de la cantidad y calidad de patrones sensoriales (estímulos) y de la educación recibida.*

En (8a y b), el contenido anclado por *desde luego* ha sido vivenciado por el respectivo hablante pero no por su interlocutor. Es especialmente en estos casos que podemos apreciar con más nitidez el efecto intersubjetivo causado por el uso de este marcador. El hablante, mediante el uso de *desde luego*, incorpora al oyente a la esfera de su propia percepción y experimentación: 'si tú estuvieses en mi lugar, habrías percibido y experimentado lo mismo que yo percibí y experimenté'. Con ello se crea, para sí decirlo, a posteriori, una especie de centro deíctico dislocado (o virtual).

El mismo efecto se manifiesta en enunciados reactivos, como se puede apreciar, por ejemplo, en (9):

(9)
> A: – *No se trata de reír, se trata sencillamente de hacer algo que es importante, ¿no?, que es la creación del primer grupo cementero nacional y hacerlo de una manera ordenada, de una manera lógica y de una manera coherente, y creo que es una oportunidad que tenemos por delante, y yo, por todo lo que sea crear un grupo cementero o cualquier otra empresa lógica y ordenadamente y que sea buena para el país, pues voy a tratar de seguir luchando el tiempo que haga falta, soy bastante pesado, sí.*
>
> B: – **Desde luego.** *Todo el mundo espera que usted haga algo al respecto de este tema.*

En este caso, quien replica se adscribe a sí mismo a la esfera de su interlocutor, corroborando las observaciones que éste último hace y dándole así, en última instancia, razón en sus argumentos y conclusiones (cf. Martín/Portolés 1999: 4152).

El anclaje contextual o discursivo ocurre cuando el hablante, mediante el uso de un marcador, incorpora el contenido de un enunciado al ámbito de un horizonte interpretativo común, relativo al discurso previo: 'reivindico el carácter intersubjetivo de lo que infiero, porque el contexto así me lo impone y, consecuentemente, te lo habrá impuesto a ti también (o me lo habría impuesto a mí si estuviese en tú lugar)'. Es el tipo de intersubjetividad es codificado normalmente por el marcador *por supuesto*.

(10)
> A: – ¿Has hecho los deberes?
>
> B: – **Por supuesto**.

Con *por supuesto*, B convoca un determinado conocimiento contextual, lo presenta como intersubjetivamente válido y establece una relación de consecuencia necesaria entre dicho conocimiento y la respuesta positiva a la pregunta absoluta de A. El conocimiento activado actúa, por lo tanto, como una premisa (incuestionada), que conduce a una única conclusión aceptable. En (10), dicho conocimiento puede ser parafraseado de la forma siguiente: 'tú y yo sabemos que siempre hago los deberes'.

Frecuentemente, *por supuesto* es utilizado para bloquear, de antemano, una posible (o, incluso, previsible) inferencia del interlocutor.

(11)

> *Seguramente los caraquistas diremos pesadeces jugando con los turcos y las ha-*
> *llacas, pero en realidad la eliminación del Magallanes tan temprano es la peor de*
> *todas. No es, **por supuesto**, para pedir que nadie, sobre todo nadie, intervenga al*
> *equipo, pero estoy de acuerdo con el sensato Wilmer Zoteranis, al menos el doctor*
> *Latouche debería pensar en renunciar.*

Las críticas expresadas por el hablante nos podrían hacer pensar (y decir) que está sugiriendo que alguien intervenga al equipo. Esta posible inferencia, no obstante, es bloqueada, anticipadamente, mediante la afirmación de lo opuesto. Obsérvese que la sustitución de una posible e incluso previsible inferencia por su opuesto tan sólo puede contar con perspectivas de éxito si dicho opuesto es ratificado como algo válido en el contexto del evento comunicativo actual. Esta es, precisamente, la función de *por supuesto*. Con el uso de este marcador, B convoca un determinado conocimiento contextual (que podríamos parafrasear de la siguiente manera: 'tú y yo sabemos que no soy partidario de intervenciones'), lo presenta como intersubjetivamente válido y ancla al mismo en contenido del enunciado al que se remite el marcador (*No es, **por supuesto**, para pedir que nadie, sobre todo na-die...*). Como arriba en (10), el conocimiento activado actúa, aquí también, como una premisa (incuestionada), que conduce a una única conclusión aceptable.[23]

La posibilidad de intervenir, mediante el uso de *por supuesto*, en el proceso inferencial realizado (real- o supuestamente) por el otro manifiesta claramente el valor intersubjetivo de dicho marcador y ratifica, al mismo tiempo, la pertinencia de la definición de la intersubjetividad que hemos ofrecido en la sección precedente, puesto que esta posibilidad implica que el hablante, poniéndose en el lugar del otro, incluye en su intervención discursiva lo que piensa que está en la mente de este último.

El término anclaje epistémico lo reservamos para aquellos casos en los que el contenido de la base que sirve de ancla posee un carácter general, o incluso universal, trascendiendo, así, los límites del contexto comunicativo actual. El marcador que, de una forma más clara, realiza este tipo de anclaje es *naturalmente*. Veamos algunos ejemplos.

(12)

> *Sorprende también que se infravalore la memoria histórica, tantas veces conser-*
> *vada en el ámbito familiar, o no se tenga en cuenta el cúmulo de influencias que*
> *cada individuo va recibiendo a lo largo de su proceso educativo, en sus lecturas,*

---

23 En el probable proceso de inferencia 'Premisa 1: Quien critica exige cambios. Premisa 2: el hablante critica el equipo. Conclusión: el hablante exige cambios en el equipo', el uso de por supuesto desactiva la validez de la primera premisa y, consecuentemente, altera el proceso conclusivo.

*en sus viajes, en sus distintas experiencias como trabajador o empresario. Y ¿por qué no decirlo?, aunque hoy suene a trasnochado, su pertenencia a una determinada clase social. Que no son idénticas a las que observó Marx, **naturalmente**, afortunadamente, al menos en buena parte de la Europa a la que pertenecemos, pero que siguen siendo reconocibles y que afloran a la superficie -gravemente-cuando nos enfrentamos al problema de la inmigración.*

Con el uso de *naturalmente*, se invoca la existencia de un consenso amplio, general, en torno a la aserción de que las clases sociales *no son idénticas a las que observó Marx*, esto es, un consenso que trasciende la esfera estricta de una intersubjetividad compartida exclusivamente entre el hablante y el oyente. El conocimiento de la base activado por el marcador puede ser caracterizado a través de las siguientes paráfrasis: como se sabe, como es ampliamente sabido, como es natural, etc. (las clases sociales de hoy no son idénticas a las que observó Marx en su día).

Como se ha descrito para *por supuesto*, uno de los efectos de sentido más frecuentes de *naturalmente* en el plano argumentativo es el de actuar como inhibidor de una posible o previsible objeción o inferencia indeseada. En (12), el hablante prevé que su interlocutor podría objetar que hoy en día no existen más clases sociales o que no existen más en su sentido histórico, etc. Como hemos dicho arriba y ratificamos aquí, la intersubjetividad, en el sentido expuesto en la sección 3, constituye la condición para la posibilidad de salir al paso de una posible objeción por parte del interlocutor: el hablante es capaz de ponerse en el lugar de su (real o potencial) interlocutor e incluir en su razonamiento lo que está o pudiera estar en la mente del otro.

Nos resta analizar, para concluir esta sección, la intersubjetividad evocada por el marcador *claro*. Al contrario de lo que hemos constatado con respecto a *desde luego*, *por supuesto* y *naturalmente*, *claro* no puede ser adscrito a un único tipo específico de configuración de intersubjetividad. En ello radica, sin duda, una de las causas de su mayor frecuencia de uso en comparación con los otros tres marcadores, especialmente en textos orales (Martín/Portolés 1999: 4155–4156).

No resulta difícil, así pues, encontrar ejemplos de las tres configuraciones de intersubjetividad que venimos analizando:

(13)
*Proponemos también la modificación de los artículos transitorios de la minuta para disponer que la Entidad inicie funciones el primero de enero del año dos mil, no el dos mil uno, como inicialmente se proponía. Pero, **claro**, que la revisión de los ejercicios de noventa y ocho, noventa y nueve y dos mil se haga conforme a las actuales reglas vigentes para permitir un período de transición y de aprendizaje conforme a las nuevas normas y procedimientos.*

En (13), el contenido activado por *claro* puede ser parafraseado como sigue: 'tú y yo sabemos que es normal que la revisión de los ejercicios se ha de hacer según las actuales reglas'. Este contenido de la base no puede ser considerado como algo perteneciente al ámbito del conocimiento general ni tampoco representa, obviamente, un aspecto de la percepción común del hablante y del oyente. Se trata, más bien, de un contenido intersubjetivamente válido en el contexto específico del evento comunicativo (legislación de ciertas entidades).

Con *claro* podemos evocar también contenidos que pueden ser adscritos al ámbito del conocimiento general o universal:

(14)
> *Dice Cecilia Garzón: –"Licenciada Margarita Zavala, ¿qué se necesita para pertenecer al Instituto de la Mujer?", y pone entre paréntesis: "aparte de ser mujer,* **claro***".*

Finalmente, tampoco son raros los casos en los que se utiliza *claro* para realizar un anclaje perceptivo:

(15)
> *– ¿La luz era del triángulo o un reflejo de la luna?*
>
> *– No. Era del triángulo. Estoy completamente segura que era de él porque eso no era ningún reflejo ni nada, y era completamente blanco y luminoso. Y entonces en un segundo desapareció. Vi la dirección que tomaba pero ya nada más.*
>
> *– ¿Pero desapareció, se oculto a la vista, había nubes o desapareció, se fue?*
>
> *– Se fue. Se fue en otra dirección.*
>
> *– ¿A que velocidad?*
>
> *– Muy rapidísimo; un segundo o menos de un segundo, rapidísimo.*
>
> *– ¿Y aumento el ruido al irse?*
>
> *– No, al irse disminuyó. Era un ruido constante, pero al irse,* **claro***, disminuyó.*

Como se puede apreciar, el contenido anclado mediante el uso del marcador describe, en este caso, un estado de cosas directamente perceptible por el hablante (*Era un ruido constante, pero al irse, disminuyó*). Al igual que se ha descrito para *desde luego*, el hablante, mediante el uso de *claro*, incorpora al oyente a la esfera de su propia percepción y experimentación: 'si tú hubieses estado presente, habrías percibido lo mismo que yo". Esta validez intersubjetiva de lo percibido se adquiere anclando el estado de cosas particular a un conocimiento general sobre la percepción de ruidos: 'cuando el objeto que produce el ruido se aleja, el ruido disminuye'.

El análisis que hemos desarrollado en esta sección nos permite concluir que los marcadores de evidencia *desde luego, naturalmente, por supuesto* y *claro* actúan claramente como elementos o predicaciones de anclaje. Su función concreta reside en anclar el contenido del enunciado al que remiten a un aspecto constitutivo de la intersubjetividad de la base de conceptuación. Si los comparamos a las predicaciones de anclaje nominal o verbal, tradicionalmente estudiados en la literatura, se nos revelan algunas diferencias importantes que constituyen la especificidad del anclaje producido por estos marcadores.

Así, por una parte, mientras que el anclaje nominal o verbal tienen como efecto una especificación del significado de elementos lingüísticos que componen la oración (el nombre y el verbo, respectivamente), el anclaje producido por los marcadores abarca siempre el significado total de un enunciado o, como veremos con más atención en la próxima sección, incluso el significado de varios enunciados a la vez. Se trata, pues, de un anclaje que podríamos clasificar como textual.

Una segunda diferencia importante, reside, por otra parte, en el elemento de la base que en cada caso es activado para actuar de ancla. A este respecto, hemos de constatar que, aunque la base sea, como dijimos arriba, inherentemente intersubjetiva, diádica, no todas las predicaciones de anclaje convocan explícitamente esta cualidad. En muchos casos la referencia es más implícita que explícita, como ocurre, por ejemplo, con la categoría verbal del tiempo o con los demostrativos, elementos a los que nos hemos referido brevemente en la sección anterior. Los marcadores analizados, en cambio, convocan directa e explícitamente algún aspecto constitutivo del carácter intersubjetivo de la base de conceptuación. Dependiendo de la naturaleza concreta de dichos aspectos, hemos identificado tres tipos de anclaje de intersubjetividad: perceptivo, contextual y epistémico.

5. La intersubjetividad y la argumentatividad

En esta sección nos ocuparemos de la relación entre la intersubjetividad y la argumentatividad en su calidad de aspectos constitutivos de la semántica de los marcadores de evidencia. A este respecto, argüimos en la introducción al presente trabajo que los efectos de sentido producidos por los marcadores de evidencia reposan sobre las configuraciones de intersubjetividad generadas mediante el uso de los mismos. Para concretar un poco más esta tesis se hace necesario presentar brevemente algunos conceptos fundamentales de la Teoría de la Argumentación (Anscombre/Ducrot 1986; Portolés 2008).

En su versión más actual, que Anscombre y Ducrot (1986: 87–94) denominan "argumentatividad radical", la Teoría de la Argumentación postula que todas las frases (y, de un modo general, todas las unidades lingüísticas) están dotadas, de una forma u otra, de una significación argumentativa. Esto se manifiesta, especialmente, en el hecho de que las frases favorecen una serie de continuaciones del discurso, mientras que dificultan otras. Para explanar este fenómeno, Portolés (2008: 78), analiza los siguientes enunciados:

(16)
 a. *Este chico está gordo. Quiere adelgazar.*

 b. *Esta casa es nueva. Está recién pintada.*

 c. *Está lloviendo. Llévate el paraguas.*

Portolés señala que, por lo general, las personas gruesas quieren adelgazar, las casas nuevas acostumbran a estar recién pintadas y cuando llueve es normal que uno se cubra con un paraguas. De ello podemos concluir, según este autor, que los segundos enunciados mantienen la *orientación argumentativa* de los primeros.

Si el chico gordo, por el contrario y contra lo esperado, no quiere perder peso, podremos decir lo siguiente:

(17)
 *Este chico está gordo. **Sin embargo**, no quiere adelgazar.*

Según Portolés (2008: 78), el marcador *sin embargo* relaciona el primer enunciado con el segundo e indica por su significación, que contrariamente a lo que se debería esperar de la orientación argumentativa de *este chicho está gordo*, el muchacho no desea adelgazar. El marcador posee, por tanto, un efecto antiorientativo.

Ahora bien, no siempre el marcador *sin embargo* provoca una ruptura de la orientación argumentativa del enunciado precedente:

(18)
 *Alicia es madrileña. **Sin embargo**, no le gusta el metro.*

En este caso – señala Portolés (2008: 79) – la significación de *Alicia es madrileña* no está orientada ni hacia un placer o desplacer por usar el metro. Con ello, resta considerar que es la inclusión del marcador lo que indica que existe una antiorientación argumentativa de *Alicia es madrileña* con respecto a 'gustar el metro'. De este análisis, Portolés (2008: 79) concluye que los marcadores "proporcionan por su significación una serie de instrucciones para construir el sentido de los enunciados en los que se encuentran".

Indaguemos un poco más en qué radica este sentido construido por los marcadores. Para que se pueda establecer una antiorientación argumentativa entre 'gustar el metro' y *Alicia es madrileña*, es imprescindible que, en el momento de la enunciación, se active la información 'a los madrileños mayoritariamente les gusta el metro'. Además, es necesario que dicha información pertenezca al ámbito del conocimiento común, esto es, que tenga validez intersubjetiva. Este conocimiento general, intersubjetivamente válido, no forma parte de la significación de ninguno de los dos enunciados, sino que es activado directamente por el marcador *sin embargo*.

Lo mismo puede ser afirmado con respecto los enunciados en (17). Pues, aunque, como bien apunta Portolés, podamos considerar que la significación del propio enunciado *Este chico está gordo* favorece la activación de la información de que 'los gordos generalmente quieren adelgazar', será la inclusión del marcador *sin embargo* lo que active directamente esta información y ratifique su aplicabilidad a la construcción de la relación argumentativa en este caso particular. Esta información general, activada por en marcador, corresponde a lo que hemos denominado ancla en la sección precedente.

Volvamos ahora, aparejados ya con algunos conceptos de la Teoría de la Argumentación, al análisis de nuestros marcadores de evidencia.

Como hemos visto en la sección precedente, uno de los efectos argumentativos más frecuentes de los marcadores de evidencia es el de actuar como inhibidores de una posible o previsible objeción por parte del interlocutor. Observemos, nuevamente, el enunciado de (12), que para facilitar su análisis, reproducimos a continuación:

(19)
> *Sorprende también que se infravalore la memoria histórica, tantas veces conservada en el ámbito familiar, o no se tenga en cuenta el cúmulo de influencias que cada individuo va recibiendo a lo largo de su proceso educativo, en sus lecturas, en sus viajes, en sus distintas experiencias como trabajador o empresario. Y ¿por qué no decirlo?, aunque hoy suene a trasnochado, su pertenencia a una determinada clase social. Que no son idénticas a las que observó Marx,* **naturalmente***, afortunadamente, al menos en buena parte de la Europa a la que pertenecemos, pero que siguen siendo reconocibles y que afloran a la superficie-gravemente-cuando nos enfrentamos al problema de la inmigración.*

El referido efecto argumentativo, surge, especialmente, cuando el enunciado afectado por el marcador se encuentra orientado contraargumentativamente en relación con el que le precede (Martín/Portolés 1999: 4149–4158). En el caso aquí analizado, *la pertenencia a una determinada clase social* no favorece la afirmación de que ya no existen las clases sociales postuladas por Marx. ¿Cuál es el aporte semántico de *naturalmente* al enunciado en el que se utiliza? En primer lugar, como vimos, el marcador transforma lo que podría ser una opinión meramente individual en una afirmación dotada de una validez amplia, general: 'yo sé que tú sabes que yo sé (y, en general, todo el mundo sabe) que las clases hoy en día no son las mismas que observó Marx'. En segundo lugar, el anclaje intersubjetivo, producido mediante el uso de *naturalmente*, le permite al hablante utilizar esta afirmación, en el plano argumentativo, como una contraargumentación general, esto es, adscrita a la esfera de todos los interlocutores. Esto torna desnecesaria – y por lo tanto, inhibe – la enunciación de una posible objeción por parte del oyente. En síntesis: el efecto argumentativo de la inhibición de una posible objeción presupone el anclaje intersubjetivo del enunciado con el que se pretende producir tal efecto.

El anclaje intersubjetivo es imprescindible también para llevar a cabo la inhibición de inferencias no deseadas:

(20)
> *Seguramente los caraquistas diremos pesadeces jugando con los turcos y las hallacas, pero en realidad la eliminación del Magallanes tan temprano es la peor de todas. No es, **por supuesto**, para pedir que nadie, sobre todo nadie, intervenga al equipo, pero estoy de acuerdo con el sensato Wilmer Zoteranis, al menos el doctor Latouche debería pensar en renunciar.*

En (20) (ejemplo repetido de 11), el hablante, por medio del uso de *por supuesto*, bloquea la posible inferencia de una afirmación que conservaría la orientación argumentativa del segmento anterior del discurso y profiere, en su lugar, un enunciado contraargumentativo. Como mencionamos arriba, este efecto argumentativo tan sólo es posible porque el marcador sustituye, para así decirlo, un tipo de intersubjetividad por otro: un conocimiento compartido de carácter más amplio ('cuando alguien critica a alguien sugiere que se intervenga, se sustituya, etc. al criticado) es remplazado por un consenso más limitado, válido en el contexto del evento comunicativo actual ('tú y yo sabemos que no soy partidario de intervenciones').

El último efecto de sentido que queremos analizar para verificar nuestra tesis es el refuerzo de la cooperación comunicativa y, derivada de ella, la construcción de una cortesía positiva entre los interlocutores (Martín/Portolés 1999: 4156). Muy frecuentemente, el hablante consigue este efecto mediante el empleo de *desde luego* y, especialmente, *claro*, como se percibe en los enunciados que siguen:

(21)
> A: –*Porque yo me encontraba muy mal. Así como baja. Me encontraba muy mal. Pero cuando vas en pandilla, como no quieres perjudicar a los otros...*
>
> B: **Claro**.
>
> A: *Y entonces, yo fui, con dolor de cabeza y todo.*

(22)
> A: – *En este piso nunca da el sol.*
>
> B: – **Desde luego**, ¡hace un frío insoportable!

Es importante observar que el refuerzo de la cooperación y, consecuentemente, de la cortesía positiva, constatable en intercambios como los que ofrecemos en (21) y (22), (este último reproducido de 7), deriva del anclaje intersubjetivo producido por el uso de los marcadores. Mediante su empleo, el hablante confirma la validez de lo dicho anteriormente por su interlocutor, adscribe el contenido del enunciado previamente proferido al horizonte de una realidad compartida, contribuyendo, con ello, a la formación de una identificación recíproca, de la percepción de una pertenencia a una misma visión de mundo, a la intensificación de un sentimiento de solidaridad, etc.

6. Conclusión

Si el análisis que hemos desarrollado a lo largo de este trabajo es correcto, hemos de concluir que la semántica de los marcadores de evidencia consiste, ante todo, en una serie de instrucciones para especificar el sentido del enunciado en el que se utilizan con respecto a un elemento esencial de la base de conceptualización: la intersubjetividad. Los efectos de sentido que estos elementos provocan en la conexión entre enunciados derivan de esta función especificadora. En síntesis: el anclaje precede a (y posibilita) la función argumentativa.

La intersubjetividad es un elemento constitutivo de la base de conceptuación. Quizás, incluso, sin temor a exagerar, podríamos afirmar que se trata del elemento que determina su esencia. Toda conceptuación que se realiza durante el evento comunicativo es intersubjetiva, diádica, y nunca monádica, en el sentido de que el hablante, al conceptuar el mundo, lo hace siempre e inevitablemente desde una doble perspectiva: desde la propia y desde la que él mismo tendría si ocupase el lugar de su interlocutor. El anclaje intersubjetivo se produce cuando la semántica de un elemento lingüístico hace referencia a esta condición esencial de la base. Como hemos visto, esta es la función principal de los marcadores de evidencia, así como de ciertas construcciones gramaticales (oraciones complejas sustantivas, causales, consecutivas, etc.). El análisis detallado de estos elementos y de las configuraciones específicas de intersubjetividad que codifican va ocupar, sin lugar a dudas, un gran espacio en la investigación lingüística de los próximos años.

A modo de conclusión: pensar la gramática

La conclusión de este libro adopta la forma de una invitación, una invitación a hacer algo muy concreto y – cómo negarlo – a primera vista quizás también bastante complejo: me gustaría invitarles a pensar la gramática. Esta invitación es amplia con relación a sus destinatarios, pues se dirige a todos los usuarios de una lengua natural y, en particular, a todos los que de una forma u otra estamos involucrados profesionalmente en el uso de la lengua: profesores, estudiantes, profesores en formación, traductores, escritores etc. Al mismo tiempo, no obstante, es necesario puntualizar que se trata de una invitación exclusiva e – incluso me atrevería a decir – excluyente en relación con lo que se espera que hagamos, puesto que les invito a pensar la gramática y no a enseñarla, ni a estudiarla y ni siquiera a aprenderla.

Al adoptar la forma de una invitación, el éxito de las reflexiones finales de este libro dependerá, entre otras cosas, del cumplimiento de las condiciones que normalmente rigen este tipo de actividad comunicativa. Así, en primer lugar y ante todo, cuando invitamos a nuestro interlocutor a hacer una determinada actividad, sabemos o, por lo menos, tenemos suficientes motivos para creer que se trata de algo que él normalmente no hace o no haría por sí mismo, sin que lo invitásemos. Invitar a alguien a hacer algo que normalmente ya hace por sí solo es, obviamente, innecesario y, por consiguiente, irrelevante. Es decir, para que Vds. no consideren que lo que les voy a proponer a continuación es innecesario e irrelevante, debo ser capaz de mostrarles que pensar la gramática no representa una actividad que ya practicamos normalmente en el ámbito académico sin que alguien nos inste a hacerlo.

En segundo lugar, una invitación tan sólo surte el efecto deseado si la actividad a la que invitamos es realizable. Seguramente no me llevarían en serio y en última instancia me responderían con una negativa si les invitase a pasear por la luna, a cenar con Marilyn Monroe o a desafiar al Cid Campeador en un duelo a muerte. A primera vista, podríamos suponer que pensar la gramática no parece ser una actividad tan descabellada como las que os acabo de mencionar. Y sin embargo, si nos detenemos un instante a observar cómo es tratada por lingüistas, gramáticos y sus gramáticas, lingüistas aplicados, profesores de lenguas, libros didácticos, etc. constataremos que mayoritariamente estamos haciendo cosas con la gramática que difícilmente corresponden con la actividad mental que conocemos como pensar.

Si llevamos en cuenta esta observación quizás tengamos que llegar a la conclusión de que para muchos representantes de las áreas que acabo de mencionar pensar la gramática sí que es una propuesta un tanto fuera de razón. En vista de esto, resulta imprescindible que consiga despejar las eventuales dudas del lector a cerca de la factibilidad de mi convite. Dicho de una forma más simple: tengo que convencer al lector de que la gramática no es tan sólo algo que podemos estudiar, enseñar, aprender, adquirir, perder, internalizar, analizar o describir (…) sino – y sobre todo – algo que puede ser pensado.

En tercer lugar, no es necesario insistir mucho en el hecho de que sólo aceptamos una invitación si nos va a traer algún tipo de beneficio o placer. Cuando el beneficio esperado no es del receptor, sino del emisor, la expectativa es que se haga un pedido y no una invitación, a no ser que uno sea un tanto cínico. Así que para que no me clasifiquen como tal y vean este texto realmente como una invitación es indispensable que mis esfuerzos en demostrarles que pensar la gramática es algo beneficioso no sean en vano.

Finalmente, soy plenamente consciente de que las tres condiciones que acabo de mencionar están vinculadas a una cuarta de carácter más fundamental: me ha de ser posible explicarme y en el mejor de los casos hacerles entender qué significa pensar la gramática, qué actividad es esa, en qué consiste e en qué se diferencia de las otras que normalmente asociamos a la palabra gramática (aprender, estudiar, internalizar, enseñar, entrenar, etc.). Como veremos, en la afirmación de que la gramática es algo pensable se aloja una re-conceptuación profunda de lo que habitualmente se entiende por gramática, una re-conceptuación en el sentido que hemos intentado exponer en los capítulos precedentes de esta obra.

Resumiendo, el itinerario que les propongo es el siguiente: (1) en primer lugar intentaré explicar por qué creo que no pensamos la gramática; (2) a continuación por qué podemos pensarla y finalmente (3) por qué debemos o deberíamos hacerlo.

Por qué no pensamos la gramática

Todos nosotros tenemos una larga relación con la gramática, sin excepción. La gramática nos acompaña desde que nacemos, quizás incluso antes. Algunos dirían que desde siempre y en principio para siempre, como cualquier otro aspecto de nuestro intrincado código genético, como una especie de matrimonio perpetuo. Pero: ¿cómo se manifiesta esa relación? ¿Qué formas adopta? ¿Cómo la percibimos? ¿Cómo la experimentamos? Cuando oímos la palabra 'gramática', ¿qué nos viene a la mente? Seguramente que la mayoría de nosotros expresaríamos nuestra convivencia con la gramática mediante el uso de términos sustantivos como el de "reglas" y "normas", y verbos como "estudiar", "aprender", "conocer" y combinaciones de los primeros con los segundos: "conocer las reglas gramaticales del español o de tal o cual aspecto del español", "saber si se usa o no el subjuntivo en tal o cual oración", "conocer las reglas de concordancia de la lengua tal", etc.

Parece ser, pues, que a pesar de que la gramática es en principio algo intrínseco, algo íntimamente nuestro, nuestros encuentros con ella, nuestra relación con ella en su conjunto, no es inmediata, sino una relación mediada, controlada o – si me permiten exagerar la metáfora – un matrimonio que podría ser por amor, pero que acaba siendo innecesariamente forzado, reglamentado y dominado por los artificios de ciertas casamenteras.

Estamos ante una paradoja un tanto curiosa: eso que es nuestro, inmanente, por la intervención de reglas y normas acaba exteriorizándose, pasando a ser algo ajeno, de lo que tenemos que apropiarnos, como si no lo tuviésemos, como si no fuese nuestro. Yo y las reglas, yo sin las reglas. La gramática se convierte en algo que tenemos que adquirir y lo hacemos estudiándola, aprendiéndola, y precisamos que alguien nos la enseñe, o sea, nos la muestre, pues en realidad no sabemos dónde está: yo aquí y la gramática por ahí.

Concretando un poco más la idea: conceptos como el de regla o norma producen un efecto de exteriorización y ajenización de algo que en principio nos pertenecía y en última instancia, una extrañación de lo que en realidad forma parte de nosotros mismos. ¿Por qué tenemos que adquirir lo que ya nos pertenece? ¿Por qué tenemos que aprender lo que desde siempre ya nos prende.

En gran medida, las causas de esta paradoja hay que buscarlas en la propia naturaleza de los conceptos de la regla y la norma. Como todo concepto o unidad de análisis – especialmente en el ámbito de las ciencias humanas y sociales – estos dos conceptos determinan – como parte intrínseca de sí mismos – las formas que podemos adoptar para relacionarnos con ellos. Nuestra relación con una regla está mediada por la acción del cumplimiento: reglas se cumplen o se incumplen, nos comportamos de acuerdo con ellas o en desacuerdo, infringiéndolas. Recordamos aquí las ponderaciones de Deleuze y Guattari (1994 (1980): 81):

> *"Una regla de gramática es un marcador de poder antes de ser un marcador sintáctico. La orden no está relacionada con significaciones previas, ni con una organización previa de unidades distintivas. Es justo lo contrario. La información tan sólo es el mínimo estrictamente necesario para la emisión, transmisión y observación de órdenes en tanto que mandatos."*

De forma casi análoga, nuestra relación con una norma se establece a través de su seguimiento: nomas se siguen o no, nos comportamos en conformidad con ellas o en desconformidad. Tanto en un caso como en el otro, lo que es objeto de reglamentación o de normativización, respectivamente, el contenido de la regla o el de la norma, no se encuentran en discusión, no se espera que las pensemos o que lleguemos incluso tal vez a entenderlas o a aceptarlas. En este sentido, podemos decir que la norma y la regla son elementos comisivos, ya que nos dicen "haga eso o aquello" ("construya tal oración subordinada con el subjuntivo y no con el indicativo"; " no use el pronombre sujeto en tal caso pero úselo en tal otro"; "ponga los clíticos en tal orden", etc.) o, por lo menos, elementos con una fuerza asertiva tan intensa que consiguen bloquear cualquier esbozo de cuestionamiento.

Si me permiten un breve paréntesis, me parece importante puntualizar que lo que acabamos de afirmar con respecto a la regla y la norma no ocurre con otros conceptos utilizados en la descripción lingüística. Tomemos como ejemplo el uso del lenguaje y los conceptos empleados normalmente para describirlo: los principios y las máximas. Creo poder afirmar que no causa ningún problema entender el contenido y la razón de ser del principio general de la cooperación, postulado por Grice, que establece que seamos cooperativos cuando nos comuniquemos, o la máxima del modo que establece, entre otras cosas, que evitemos ser ambiguos. Aparentemente, pues, máximas y principios no bloquean el acceso a sus respectivos contenidos, permitiéndonos así un tipo de relacionamiento distinto del que acabamos de constatar para las reglas y las normas. En particular, nada nos impide pensar y entender el contenido de principios y máximas e incluso, a partir de esa comprensión, infringir deliberada y creativamente un principio o una máxima con objetivos expresivos. Es ampliamente sabido que la ironía y muchos chistes se fundamentan en una modificación creativa de uno o varios de estos principios: cuando alguien me pregunta si puedo decirle qué hora es y yo le respondo tan sólo con un sí o cuando alguien me saluda con un ¿qué tal? y yo le respondo con un informe completo de mi estado anímico, familiar, económico, etc., son ejemplos de modificaciones creativas de la máxima de la cantidad con objetivos irónicos o cómicos. Percibimos, experimentamos y nos relacionamos de forma distinta con reglas y normas, por un lado, y con máximas y principios, por otro.

En un segundo excurso quisiera adentrarme un poco más en el ámbito de la Lingüística Aplicada y la enseñanza de lenguas. Estás áreas han adoptado, desde los años 70 del siglo pasado, de forma más tácita que explícita, una noción general de gramática fundamentada fuertemente en los conceptos de la regla y la norma. Justamente por eso no es de extrañar que a partir de cierto momento la enseñanza de lenguas haya optado por intentar evitar o, por lo menos reducir, un tratamiento explicito de este tipo de gramática en el aula, puesto que mantenerlo significaría (y de hecho significó), simplemente someter al aprendiz a una memorización de instrucciones de formas de comportamiento lingüístico, que, por una parte, como sabemos hasta la saciedad, nada tiene que ver con los postulados del comunicativismo y que, por otra, no garantiza un empleo 'correcto' de la gramática en la producción.

Ahora bien, también es cierto – y eso es importante constatarlo – que la opción por tratar la gramática de una forma más implícita que explícita, más inductiva que deductiva, por sí sólo en nada altera el problema de fondo que aquí nos ocupa. Imaginémonos a alguien que empieza a aprender el lenguaje (la gramática) del fútbol, a alguien que nunca antes había visto un partido de fútbol y empieza a ver algunos. Si es un buen observador, seguramente no tardará en constatar que siempre que un delantero le pasa la pelota a otro que está sólo ante el portero del equipo adversario, el árbitro pita falta. O que generalmente cuando un jugador atrasa la pelota a su portero éste no la coge con la mano, sino que la despeja con el pie. De la recurrencia de estas acciones seguramente nuestro observador podrá inducir que las reglas "el portero no puede coger la pelota con las manos si se la atrasa un jugador de su propio equipo" y "no se puede pasar la pelota a un jugador que esté sólo ante el portero adversario" forman parte del lenguaje del fútbol (del juego de lenguaje que llamamos fútbol). Y con el tiempo y a través de más observaciones podrá refinar la formulación de estas reglas iniciales.

La pregunta interesante ahora es la siguiente: ¿al llegar a inferir estas reglas, nuestro neófito en cuestiones futbolísticas habrá entendido algo de la esencia del lenguaje del fútbol? ¿Habrá podido entender que ambas son expresiones de los mismos aspectos de esta esencia, el dinamismo y la competitividad? La respuesta es evidentemente que no.

Mi convicción, no obstante, es que llegamos a esta respuesta porque nos hemos equivocado de camino. El error en la ruta se produce al suponer que en nuestros primeros contactos con una nueva lengua inducimos reglas o normas. No es eso lo que ocurre. Quien ve por primera vez un partido de fútbol percibe un tipo de juego, un tipo de *juego de lenguaje* en su conjunto, un tipo de gramática que construye una realidad sui generis, cuya esencia está caracterizada por elementos como el dinamismo y la competitividad que diferencian este lenguaje, el futbolístico, de otros con esencias diferentes (el del ajedrez con su estrategia e inteligencia, el del atletismo con su fuerza y técnica, etc.). No percibimos reglas, sino gramáticas en su conjunto, como formas específicas de construir y estructurar realidades.

La gramática en la consciencia o sobre por qué podemos pensar la gramática

Poder pensar la gramática significa en primer lugar el abandono de una práctica, de un hábito antiguo, amplio y fuertemente arraigado en nuestra cultura académica, institucional y personal, en nuestra cultura de enseñar y de aprender: el hábito de experimentar la gramática como algo externo, de lo que tenemos que apropiarnos. Y significa también prescindir del principal instrumento que usamos para tal exteriorización: el concepto de la regla. Con ello, nuestro encuentro con la gramática deja de ser el encuentro con algo externo, ajeno, extraño, con la gramática de los otros, de los que saben, de los que dicen cómo debe ser, de los libros, de los métodos, de los gramáticos y sus gramáticas.

Poder pensar la gramática supone también y ante todo reubicarla: si decimos que no es algo externo, ¿dónde se encuentra? ¿Dónde encontrarla? Propongo una respuesta fenomenológica a estas preguntas y afirmo que la gramática está y sólo puede estar en nuestra consciencia. Es un fenómeno de nuestra consciencia y como tal tenemos acceso absoluto y directo, o sea, inmediato a él. De esta forma, el encuentro con la gramática se nos presenta como un encuentro con nosotros mismos, con una parte inmanente de nuestro ser, con un aspecto substancial de nuestra consciencia. La gramática es *nuestra gramática* y lo es ya, ahora y lo fue siempre, sin que sea o hubiese sido necesario hacer un *esfuerzo* para adquirirla.

Y poder pensar la gramática nos exhorta a reconocer su verdadera esencia: la gramática es uno de los principales instrumentos que posee la consciencia para estructurar y organizar y así poder experimentar el mundo. Construcciones gramaticales son esquemas de nuestra consciencia y en especial de nuestra percepción, esquemas perceptivos que utilizamos para organizar las experiencias en dominios fundamentales del conocimiento, como el del espacio, del tiempo, de la causalidad, de la fuerza, de la interacción entre objetos, entre seres humanos, entre seres humanos y objetos, etc. Sin la intervención de la gramática y sus construcciones seríamos incapaces de organizar y estructurar estos dominios básicos de nuestra condición humana y seríamos, por lo tanto, incapaces de experimentarlos.

Pongamos un poco de substancia a esto que suena tan abstracto e intentemos pensar, aunque sea preliminarmente, una construcción gramatical concreta.

Forma parte de mi consciencia y en especial de mi percepción la construcción con el verbo dar "*dar algo a alguien*". Si fijamos nuestra atención un instante en ella, no nos resultará difícil constatar que se trata de una construcción que utilizamos para estructurar experiencias en dominios bastante distintos. En primer lugar, probablemente nos daremos cuenta de que esta construcción nos ayuda a estructurar una experiencia recurrente en el ámbito de la interacción entre seres humanos y objetos: cada vez que observo que alguien transfiere un objeto a otra persona uso esta construcción y digo, dependiendo del caso, algo así como *"Juan dio el libro a su primo"*, *"El profesor dará los exámenes a sus alumnos"*. Si nos fijamos bien, observaremos además que la misma construcción también la utilizamos para estructurar ciertas experiencias en el dominio de la interacción entre personas. Así decimos, por ejemplo, que *"alguien da un puñetazo, un codazo"* pero también, dependiendo de las circunstancias, *"un abrazo, un beso o un pellizco a otro"*. Y si continuamos observándola tal vez incluso constatemos que la empleamos para estructurar experiencias en dominios más abstractos, como son el de la interacción social, no-física (así decimos por ejemplo que *"damos un consejo, una orden, una advertencia, un comando, etc. a alguien"*) o el de interacciones legales (*"dar mis bienes a alguien"*).

Este simple ejercicio de observación nos ha permitido el acceso a una de las construcciones más básicas de la gramática de la lengua española y de la gramática de muchas lenguas del mundo, la llamada construcción ditransitiva, y nos ha posibilitado, asimismo, identificar su potencial conceptualizador, es decir, el conjunto de dominios y en ellos las experiencias concretas que estructura.

Como profesionales del lenguaje podríamos perfeccionar esta práctica llegando con ello a aspectos más complejos de la estructuración del mundo mediante la gramática. De este modo, si continuásemos observando, lo primero que quizás nos llamaría la atención sería el hecho de que la misma construcción gramatical es empleada para estructurar situaciones que son en principio aparentemente diferentes en el mundo objetivo. ¿Qué semejanza objetiva tiene por ejemplo la acción de dar mis bienes a mis herederos por testamento o dar un puntapié a alguien? Sin embargo y a pesar de su diferenciación objetiva, la percepción aplica a ambos casos la misma construcción gramatical y el mismo esquema a ella asociado. Parecer ser pues, que para dar sentido a una experiencia del mundo, para estructurarla, para comprenderla, es más importante la construcción gramatical que escogemos que las características objetivas que posee.

En segundo lugar, podríamos preguntarnos si al utilizar la misma construcción gramatical estas diferentes situaciones obtienen elementos en común, o dicho de otra forma: si nuestra percepción genera un cierto homomorfismo entre ellas. Constatarlo requiere una cierta capacidad de abstracción, lo admito. Pero al mismo tiempo estoy convencido de que no es algo inaccesible para nuestra consciencia. Así, si comparamos las acciones de "dar un libro", "dar un puñetazo" y "dar una orden a alguien" podemos constatar que en los tres casos nuestra percepción focaliza especialmente el hecho de que alguien adquiere algo, independientemente de la diferencia objetiva de este algo: al dar un libro, alguien lo adquiere, al dar un puñetazo alguien adquiere el efecto que causa y al dar una orden alguien adquiere la responsabilidad por cumplirla.

Por último, si comparásemos diferentes lenguas veríamos que sus gramáticas nos ofrecen diferentes propuestas de cómo estructurar el mundo. En efecto, esto ya sucede incluso con lenguas no tan distantes, como es el caso del español y el portugués. Es fácil comprobar, por ejemplo, que la construcción con el verbo dar en la lengua portuguesa es utilizada en dominios en los que no aparece en español. Así decimos en portugués "da para fazer tal e tal coisa?" (dominio de la posibilidad), "no vai dar em nada" (dominio del advenir, llegar a ser), etc.

Este último aspecto es, obviamente, de suma importancia para los que nos encontramos en una situación de contacto de lenguas. Para nosotros, pensar la gramática significa siempre también pensar las gramáticas. Desde la perspectiva que propongo, pensar las gramáticas de dos o más lenguas naturales, supone tener acceso en nuestra consciencia a dos formas distintas (en la proporción que sea) de construir y estructurar la realidad.

Acabo este apartado con una reflexión metodológica. Lo que acabamos de hacer no ha sido aprender gramática, ni enseñarla, ni conocer reglas para cumplirlas o normas para seguirlas. Lo que hemos hecho ha sido una descripción fenomenológica, entendida ésta como una exploración de la experiencia subjetiva (en el sentido expuesto por Depraz/Valera/Vermersch 2011), un análisis meticuloso de lo que se nos presenta en la consciencia cuando reflexionamos sobre el conocimiento o el uso de la lengua en uno o varios dominios de conocimiento específicos. Cuando propongo pensar la gramática en detrimento de enseñarla o aprenderla como objetivo central de nuestros esfuerzos académicos, me refiero a desarrollar y perfeccionar la capacidad de reflexionar sobre el efecto del uso de la gramática en la estructuración de los diferentes dominios de nuestro conocimiento. Algunas preguntas me parecen aquí esenciales: ¿en qué dominios actúa una misma construcción gramatical? Y al contrario: ¿qué construcciones utilizamos para estructurar un mismo dominio? ¿Qué diferencias trans-lingüísticas existen con respecto a estas dos preguntas? ¿Y cuáles son sus consecuencias culturales?

Por qué debemos pensar la gramática

La gramática construye una parte esencial del mundo del ser humano, de su mundo de la vida. Sin su ayuda no poseeríamos la mayoría de los conceptos que estructuran dominios tan fundamentales como el del espacio, el del tiempo, el de la causalidad, el de las interacciones con objetos o con otros seres humanos, para nombrar tan sólo algunos. Esta es la verdadera esencia de la gramática y su razón de ser: los fundamentos de nuestro mundo son de naturaleza gramatical.

De lo que se trata ahora es de si consideramos que es importante que nos ocupemos de esta gramática en el ámbito académico o de si preferimos continuar enseñando a nuestros estudiantes tan sólo a cumplir las reglas y a seguir las normas.

Bibliografía

Achard, Michel, *Causation, constructions, and language ecology: An example from French*, en Shibatani, Masayoshi (ed.), *The Grammar of Causation and Interpersonal Manipulation*, Amsterdam/ Filadelfia, John Benjamins, 2002, 127–156.

Alarcos Llorach, Emilio, *Gramática de la lengua española*, Madrid, Espasa, 1994.

Anscombre, Jean-Claude & Ducrot, Oswald. 1986. Argumentativité et informativité. En: Michel Meyer Ed. *De la métaphysique à la rhétorique, essais à la mémoire de Chaïm Perelman avec un inédit sur la logique*. Bruxelles : Editions de l'Université de Bruxelles: 79–94.

Clausner, Timothy y Croft, William. 1999. Domains and image schemas, *Cognitive Linguistics* 10: 1–32.

Clark, Herbert H. 1996. *Using language*, Cambridge (CUP).

Croft, William (2002), *Radical Construction Grammar. Syntactic Theory in Typological Perspective*. Oxford (Oxford University Press).

De Bruyne, Jacques, *Las preposiciones*, en: Bosque, Ignacio/Demonte, Violeta (edd.), *Gramática descriptiva de la lengua española*, vol.1, Madrid, Espasa, 656–703.

Depraz, Natalie. 2001. The Husserlian Theory os Intersubjectivity as Alterology: Emergent Theories and Wisdom Traditions in the Light of Genetic Phenomenology, in: Thompson, Evan (Ed.) Between Ourselves. Second-person issues in the study of consciousness, Charlottesville, Imprint Academic, 169–178.

Depraz, Natalie/Valera, Francisco/Vermersch, Pierre. 2011. *À l'épreuve de l'expérience. Pour une practique phénoménologique*. Bucarest, ZETA.

Deleuze, Gilles/Guattari, Félix.1994. Mil mesetas. Capitalismo y esquizofrenia. Valencia, Pre-textos.

Duranti, Alessandro. 2010. Husserl, Intersubjectivity and Anthropology. *Anthropological Theory*, 10, 1: 1–20.

Faltz, Leonard. 1977. *Reflexivization: A Study in Universal Syntax*. Ph.D. dissertation, Berkeley, University of California.

Fauconnier, Gilles. 1997. *Mappings in Thought and Language*, Cambridge, CUP.

Fauconnier, Gilles y Turner, Mark. 2002. *The Way we Think. Conceptual Blending and the Mind's Hidden Complexities*. New York, Basic Books.

Fritz, Gert. 1998. *Historische Semantik*. Stuttgart, Metzler.

Fuentes Rodríguez, Catalina. 1993a. Claro: modalización y conexión. En: Pedro Carbonero y Catalina Fuentes Eds. *Sociolingüística Andaluza 9. Estudios sobre el enunciado*. Sevilla: Universidad de Sevilla: 99–126.

108   Bibliografía

Fuentes Rodríguez, Catalina (1993b). Desde luego, Por supuesto, Naturalmente. En: Pedro Carbonero & Catalina Fuentes Eds. *Sociolingüística Andaluza 9. Estudios sobre el enunciado.* Sevilla: Universidad de Sevilla: 127–160.

García-Miguel, José María, *Los complementos locativos*, en: Company Company, Concepción (directora), *Sintaxis histórica de la lengua española*, vol.2, México, D.F., Universidad Autónoma Nacional de México, 2006, 1253–1336.

Gibbs, Raymond. W. Jr. y Colston, Herbert. 1995. The psychological reality of image schemas and their transformations, *Cognitive Linguistics* 6: 347–378.

Givón, Talmy, *The binding hierarchy and the typology of complements*, Studies in Language 4:3, 1980, 333–377.

Grady, Joseph E. 2005. Image schemas and perception: Redefining a definition, en: B. Hampe, *From Perception to Meaning. Image Schemas in Cognitive Linguistics*, Berlin y Nueva York, Mouton de Gruyter: 35–55.

Hampe, Beate (ed.). 2005. *From Perception to Meaning. Image Schemas in Cognitive Linguistics*. Berlin y Nueva York, Mouton de Gruyter.

Heine, Bernd. 1995. Conceptual grammaticalization and prediction, in: J. Taylor and R. McLaury (Edd.) *Language and the cognitive construal of the world*, Berlin, Mouton de Gruyter, 119–135.

Heine, Bernd. 1997. *Cognitive foundations of grammar*, Oxford, OUP.

Heine, Bernd/Claudi, Ulrike/Hunemeyer, Friederike. 1991. *Grammaticalization: A conceptual framework*, Chicago, The University of Chicago Press.

Heine, Bernd/Kuteva, Tania. 2002. World Lexicon of Grammaticalization, Cambridge, CUP.

Huelva Unternbäumen, Enrique, *Sprechaktbezogene kausale Satzverknüpfung mit porque im gesprochenen Spanisch*, ZrP 121:1, 87–107.

Huelva Unternbäumen, Enrique. 2008. Integración conceptual (blending) en el proceso de gramaticalización de construcciones cuantitativas en español, *Studies in Hispanic and Lusophone Linguistics*, 1.1: 55–104.

Huelva Unternbäumen, Enrique (en prensa). Cómo hacer palabras con cosas haciendo cosas con palabras: acerca de la experienciación y conceptualización de actos de habla, *Language Design*.

Huelva Unternbäumen, Enrique, *Da que pensar: sobre algunas construcciones causales con el verbo dar en la lengua española*, Journal of Iberian and Latin American Studies, 16,2/3, 143–171.

Huelva Unternbäumen, Enrique. En prensa. Construcciones causales con la preposición *ante* en la lengua española. *Zeitschrift für romanische Philologie* 129, 3.

Husserl, Edmund. 2002. Konstitution der Intersubjektivität. En: Klaus Held Ed. *Phänomenologie der Lebenswelt. Ausgewählte Texte II.* Stuttgart: Reclam: 166–219.

Itkonen, Esa. 2008. The central role of normativity in language and linguistics. En Jordan Zlatev, Timothy P. Racine, Chris Sinha & Esa Itkonen Eds. *The Shared Mind. Perspectives on Intersubjectivity.* Amsterdam & Philadelphia: John Benjamins: 279–305.

Johnson, Mark. 1987. *The Body in the Mind: The Bodily Basis of Meaning, Imagination, and Reason,* Chicago, Chicago University Press.

Johnson, Mark. 2005. The philosophical significance of image schemas, en B. Hampe, (ed.) *From Perception to Meaning. Image Schemas in Cognitive Linguistics,* Berlin y Nueva York, Mouton de Gruyter: 15–33.

Keller, Rudi, *Das epistemische WEIL. Bedeutungswandel einer Konjunktion,* in: Heringer, Hans Jürgen (ed.), *Sprachgeschichte und Sprachkritik. Festschrift für Peter von Pollenz zum 65. Geburtstag,* Berlin/New York, de Gruyter, 1993, 219–247.

Kemmer, Suzanne. 1988. *The Middle Voice: A Typological and Diachronic Study.* Ph.D. dissertation, Stanford, Stanford University.

Kemmer, Suzanne/Verhagen, Arie, *The grammar of causatives and the conceptual structure of events,* Cognitive Linguistics. 5:2, (1994), 115–156.

Lakoff, George. 1987. *Women, Fire, and Dangerous Things: What Categories reveal about the Mind,* Chicago y Londres, Chicago University Press.

Lakoff, George. 1990. The Invariance Hypothesis: Is abstract reason based on image schemas?, *Cognitive Linguistics* 1: 39–74.

Lakoff, George. 1993. The contemporary theory of metaphor, en A. Ortony (ed.), *Metaphor and Thought,* Cambridge, CUP: 202–251.

Lakoff, George y Mark Johnson. 1980. *Metaphors we live by,* Chicago, Chicago University Press.

Lakoff, George y Mark Johnson. 1999. *Philosophy in the Flesh. The Embodied Mind and its Challenge to Western Thought,* New York, Basic Books.

Lakoff, George y Rafael Nunez. 2000. *Where Mathematics comes from: How the Embodied Mind Brings Mathematics into Being,* New York, Basic Books.

Langacker, Ronald. 1987. *Foundations of Cognitive Grammar, vol. 1: Theoretical Prerequisites.* Stanford: Stanford University Press.

Langacker, Ronald. 2006. Subjectification, grammaticalization, and conceptual archetypes, en: A. Athanasiadou, C. Canakis y B. Cornillie (eds.), *Subjectification: Various Paths to Subjectivity,* Berlin, de Gruyter: 17–40.

Langacker, Ronald. 2008. *Cognitive Grammar. A Basic Introduction.* Oxford: Oxford University Press.

Lehmann, Christian, *Towards a typology of clause linkage,* en Haiman, John/Thompson, Sandra (edd.), *Clause Combining in Grammar and Discourse,* Amsterdam/ Filadelfia, John Benjamins (Typological Studies in Language, 18), 1989, 181–225.

Luhmann, Niklas. 1990. *Die Wissenschaft der Gesellschaft*, Frankfurt a. M., Suhrkamp.

Luhmann, Niklas. 1998. *Die Gesellschaft der Gesellschaft*. Frankfurt a. M., Suhrkamp.

Martín Zorraquino, María A. & Portolés Lázaro, José. 1999. Los marcadores del discurso. En: Ignacio Bosque & Violeta Demonte Eds. *Gramática descriptiva de la lengua española*, Madrid: Espasa: 4051–4213.

Matte Bon, Francisco, *Gramática comunicativa del español*, Madrid, Edelsa, 1992.

Merleau-Ponty, Maurice. 2004. *Conversas-1948*, São Paulo, Martins Fontes.

Merleau-Ponty, Maurice. 2006. *Fenomemologia da percepção*, São Paulo, Martins Fontes.

Meyer-Lübke, Wilhelm, *Grammaire des langues romanes*, vol. 3 (Syntaxe), 1890–1906. (Citado desde http://archive.org/details/grammairedesla03meye).

Moliner, María, *Diccionario de uso del español*, Madrid, Gredos, 1998.

Newman, John (1996). *Give. A Cognitive Linguistic Study*, Berlin y New York, de Gruyter.

Nuñez, Rafael. 2003. *Conceptual Structures and Cultural Variation – Metaphorical Spatial Construals of Time in Aymara* (Manuscript).

Orth, Ernst. 1995. Zu Husserls Wahrnehmungsbegriff, *Husserl Studies* 11: 153–168.

Penny, Ralph, *Gramática histórica del español*, Madrid, Ariel, 1993.

Portolés, José. 2008. La teoría de la argumentación en la lengua y los marcadores del discurso. En: María A. Martín Zorraquino & Estrella Montolío Durán Eds. *Los marcadores el discurso*. Madrid: Arco Libros: 71–91.

Radden, Günter. 2003. The Metaphor TIME AS SPACE across Languages, in: Baumgarten, Nicole (Ed.) Übersetzen, Interkulturelle Kommunikation, Spracherwerb und Sprachvermittlung – das Leben mit mehreren Sprachen, Festschrift für Juliana House zum 60. Geburtstag. *Zeitschrift für Interkulturellen Frendsprachenunterricht* (online), 8(2/3), 226–239.

Real Academia Española, *Banco de datos (CREA) [en línea]. Corpus de Referencia del español actual.* <http://www.rae.es> [Consultado en septiembre de 2011].

Real Academia Española, *Banco de datos (CORDE) [en línea]. Corpus diacrónico del español.* <http://www.rae.es> [Consultado en agosto-septiembre de 2011].

Sanders, Ted/Sweetser, Eve (edd.), *Causal Categories in Discourse and Cognition*, Berlin/New York, Mouton de Gruyter, 2009a.

Sanders, Ted y Sweetser, Eve. 2009. Introduction: Causality in language and cognition – what causal connectives and causal verbs reveal about the way we think En: Ted Sanders & Eve Sweetser Eds. *Causal Categories in Discourse and Cognition*. Berlin & New York: Mouton de Gruyter: 1–18.

Sanders, Ted, Sanders, José y Sweetser, Eve. 2009. Causality, cognition and communication: A mental space analysis of subjectivity in causal connectives. En:

Ted Sanders & Eve Sweetser Eds. *Causal Categories in Discourse and Cognition*. Berlin & New York: Mouton de Gruyter: 20–59.

Schegloff, Emanuel A. 2006. Interaction: The Infrastructure for Social Institutions, the Natural Ecological Niche for Language, and the Arena in which Culture is Enacted. En: N.J. Enfield & S.C. Levinson Eds. *Roots of Human Sociality: Culture, Cognition and Interaction*. Oxford & New York: Berg: 70–96.

Searle, John. 1969. *Speech Acts. An Essay in the Philosophy of Language*, Cambridge, Cambridge University Press.

Searle, John y Daniel Vanderveken. 1985. *Foundations of illocutionary logic,* Cambridge, Cambridge University Press.

Shibatani, Masayoshi (ed.), *The Grammar of Causation and Interpersonal Manipulation*, Amsterdam/Filadelfia, John Benjamins, 2002a.

Shibatani, Masayoshi, *Some basic issues in the grammar of causation*, en: Shibatani, Masayoshi (ed.), *The Grammar of Causation and Interpersonal Manipulation*, Amsterdam/ Filadelfia, John Benjamins, 2002, 1–22 (=2002b).

Shibatani, Masayoshi/Pardeshi, Prashant, *The causative continuum'*, en Shibatani, Masayoshi (ed.), *The Grammar of Causation and Interpersonal Manipulation*, Amsterdam/ Filadelfia, John Benjamins, 2002, 85–126.

Soares da Silva, Augusto, *Verbos y construcciones causativas analíticas en portugués y en español*, Estudios de lingüística: El verbo, 2004, 581–598. Accesible en: http://rua.ua.es/dspace/bitstream/10045/9799/1/ELUA_Anexo2_28.pdf. [Noviembre de 2011].

Sonesson, Göran. 2007. From the meaning of embodiment to the embodiment of meaning: A study in phenomenological semiotics, en: T. Ziemke, J. Zlatev y R. Frank, (eds.) *Language and Mind*, Vol. 1 (Embodiment), Berlin y Nueva York, de Gruyter: 85–128.

Sweetser, Eve. 1990. *From Etymology to Pragmatics*, Cambridge, Cambridge University Press.

Talmy, Leonard, *Force dynamics in language and cognition*, Cognitive Science 12: 1 (1988), 49–100.

Talmy, Leonard, *Toward a Cognitive Semantics, vol. 1: Concept Structuring Systems*, Cambridge, MA, The MIT Press, 2000.

Traugott, Elizabeth Closs. 1991. English speech act verbs: A historical perspective, en L. R. Waugh y S. Rudy, (eds.), *New vistas in grammar: invariance and variation*. Amsterdam y Philadelphia, Benjamins: 289–307.

Turner, Mark. 1993. An image-schematic constraint on metaphor, en R. A. Geiger y B. Rudzka-Ostyn (eds.), *Conceptualization and Mental Processing in Language*, Berlin y Nueva York: de Gruyter: 291–306.

Verhagen, Arie. 2005. *Constructions of Intersubjectivity*. Oxford: Oxford University Press.

Verhagen, Arie. 2008. Intersubjectivity and the architecture of the language system, en Jordan Zlatev, Timothy P. Racine, Chris Sinha & Esa Itkonen Eds. *The Shared Mind. Perspectives on Intersubjectivity.* Amsterdam y Philadelphia: John Benjamins: 307–331.

Waldenfels, Bernhard. 1999. Sinnesschwellen. Studien zur Phänomenologie des Femden 3, F.a.M., Suhrkamp.

Waldenfels, Bernhard. 2006. Grundmotive einer Phänomenologie des Frenden, F.a.M., Suhrkamp.

Weinrich, Harald. 1988. *Textgrammatik der französischen Sprache.* Stuttgart: Klett.

Weinrich, Harald. 2006. Sprache, das heißt Sprachen. Tübingen: Gunter Narr.

Whorf, Benjamin Lee. 1956. *Language, Thought and Reality: Selected Writings of Benjamin Lee Whorf*, [J. B. Caroll (ed.)], Cambridge, MIT Press.

Zlatev, Jordan. 2005. What's in a schema? Bodily mimesis and the grounding of language, en B. Hampe, (ed.) *From Perception to Meaning. Image Schemas in Cognitive Linguistics*, Berlin y Nueva York, Mouton de Gruyter: 313–342.

Zlatev, Jordan. 2008. The co-evolution of intersubjectivity and bodily mimesis En: Jordan Zlatev, Timothy P. Racine, Chris Sinha & Esa Itkonen Eds. *The Shared Mind. Perspectives on Intersubjectivity.* Amsterdam & Philadelphia: John Benjamins: 215–244.

Zlatev, Jordan. 2010. Phenomenology and Cognitive Linguistics, en S. Gallagher y D. Schmicking (eds.), *Handbook on Phenomenology and Cognitive Sciences*, Dordrect: Springer: 415–446. (Citado a partir de: projekt.ht.lu.se/fileadmin/user_upload/project/.../ZlatevPhenoCL2010.pdf).

www.ingramcontent.com/pod-product-compliance
Lightning Source LLC
Chambersburg PA
CBHW030919150426

42812CB00046B/345